日本ハムファイターズ後楽園戦記

大いなる挑戦、その歓喜と悲哀

1974年～1987年

ベースボールマガジン編集部／編
大林幹雄／著

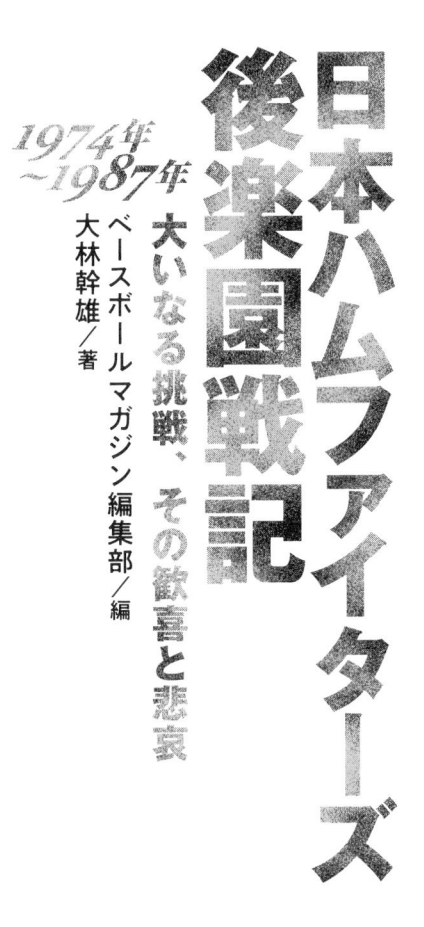

CONTENTS

プロ野球 球団ドラマシリーズ
日本ハムファイターズ 後楽園戦記
1974年〜1987年 大いなる挑戦、その歓喜と悲哀

文・構成　大林幹雄
写真　ベースボール・マガジン社
校閲　戸田道男
装丁・デザイン　イエロースパー

本書はベースボールマガジン2021年2月号『日本ハムファイターズ 後楽園伝説』の内容を再掲載し、加筆・修正したものです。

prologue 球団買収

1973年

北新地のクラブで動き出した

1973年7月20日。大阪・北新地のクラブ「ボア」で、その構想は前に進み始めた。数多くの大阪の著名人や財界人が足を運ぶ高級店。そこを行きつけにしていた一人が、日本ハム株式会社の大社（おおこそ）義規社長だ。同年の5月23日、大社は畜産業界での長年の功績が評価され、藍綬褒章を受賞。その祝賀パーティーが、まず7月11日に東京のホテルオークラで開かれ、大阪では同20日にロイヤルホテルで開かれた。「ボア」は大阪のパーティー後、懇親のために設けられた2次会の会場だった。そこには大相撲の尾車親方（元大関・琴ケ浜）、横綱・琴桜、プロ野球のヤクルトアトムズ（現・東京ヤクルトスワローズ）のコーチ・中西太らも参加していた。尾車親方と中西は、大社社長と同じ香川出身という縁があった。当然、話題はビジネスだけでなく相撲や野球など、スポーツにも及ぶ。さらに話題が転がったのは、野球を通じたビジネスに関してだった。

西鉄ライオンズが太平洋クラブへ譲渡された時の経緯と、現在譲渡を考えている球団について、聞かせてくれないか――。大社は中西にたずねた。西鉄から太平洋への譲渡は、1年前の1972年秋に起きた。中西は西鉄OBで、1962～69年には選手兼監督も務めていたため、事情に詳しいだろうと考えたのである。ところが、中西はチームを退団して2年半も過ぎていたこともあり、大社の望むほど豊富な情報を持っていなかった。その代わり、一つの提案をした。

「詳しいことや、詳しい球界の情報については、義父から聞いてもらった方がいいと思う。会う手配をしましょうか？」

義父とは、変幻自在の采配ぶりで「魔術師」の異名を取った三原脩。当時はヤクルトの監督を務めていた。「プロ契約選手第1号」として大日本東京野球倶楽部（のちの読売ジャイアンツ）に入団し、現役引退後は巨人、西鉄、大洋、近鉄、ヤクルトで指揮。球界の内部事情にも通じていた。そして、こちらも同郷の香川出身。さらに、旧制高松中（現・高松商）の先輩にあたる間柄でもあった。

首都圏進出の悲願

日本ハム株式会社は、1963年に徳島ハムと鳥清ハムが合併して誕生。10年が経ち、73年7月の決算では売上高が850億円に達して食肉加工業界では第1位に躍進していた。シェアも17・8%に達していた。一方で、さらなる成長に向けて悩みの種だったのは、全国的な知名度の低さだった。同社の本社マーケティング部門を担当する商品計画室の調査によれば、「日本ハムという会社を知っていますか?」と聞く「助成想起法」による市場調査で「知っている」と答える比率は80%に満たなかった。毎年1%程度の上昇はしていたものの、当時の宣伝活動を継続しても、100%まで上げるには10年以上が必要との見通しだった。「知っているハム・ソーセージ会社の名前を挙げてください」と聞く「純粋想起法」による調査では、知名度は30%以下にすぎなかった。

大社は社内に大号令をかけ、知名度を上げる方策を模索させていた。当初、大社は、その方策として、選択肢を野球のみに限定していなかった。自身は旧制高松中時代にバレーボールで活躍した。1960年代の会社の成長途上には、64年に東京五輪が開催され、女子バレーボールで日本が金メダルを獲得。監督の大松(だいまつ)博文も香川出身で、会社としてチームを保有する案が出ていた。また、15人程度のプロゴルファーと専属契約を結ぶプランも検討されていた。しかし、大社が最終的に目指したのは最も大きなリターンが望める、それだけに最もリスクの大きな、プロ野球球団の保有だった。

後日、大社と三原の会談が実現した。三原は、大社の意向を聞いた上で、球界の現状をこう説明した。

「大社さんの希望はセ・リーグの球団であると聞いているが、早急にと言えば、対象になる球団が今はない。しかし、パ・リーグの球団では、1月に東映フライヤーズを買収した日拓ホームが、球団譲渡意向の可能性がある」

この情報を受け、日本ハムの社内では球団買収に向けたプロジェクトチームが編成された。

「七色のユニフォーム」日拓の苦悩

1965年に「日拓観光」として創業した日拓ホームは、業界の風雲児・西村昭孝（あきよし）社長のもと、田中角栄内閣の「日本列島改造論」ブームに乗った不動産開発で、みるみる業績を上げていた。一方で、映画産業は下火になるばかり。松竹、大映と、かつて球団を保有していた映画会社も、相次いで撤退していた。経営の合理化を目指す東映と、知名度アップによりさらなる経営拡大を目論む日拓。互いの思惑が一致して誕生したのが「日拓ホームフライヤーズ」だった。

1973年はパ・リーグが2シーズン制を採用した初年度。前期と後期に分けてヤマ場を2回つくることで観客動員の増加につなげようという意図があり、82年までの10年間行われた。前期1位と後期1位がプレーオフを戦い、勝ったチームがリーグ優勝（2位以下は前後期の通算勝率で決定）。日拓は前期5位、後期3位に終わった。ただ、成績以前に、前期限りで田宮謙次郎監督が辞任して土橋正幸二軍監督が昇格するなどチーム内の不協和音が目立っていた。さらに、本拠となる球場の確保や新たな合宿所の建設計画の頓挫など、西村オーナーが当初思い描いていた球団経営とはならなかった。

当時41歳の野心家オーナーは、グラウンド内外でさまざまな新機軸を打ち出し、球界に新たな風を吹かせようとした。後期には色違いの7種類のユニフォームを作り、日替わりで着用するというアイデアを実践。「ファンサービスと、低迷するパ・リーグ人気を盛り上げるための話題づくり」と意図を説明したが、組み合わせるストッキングやアンダーシャツを間違えるなど、「七色のユニフォーム」を着る選手たちは戸惑うばかりだった。レギュラーシーズン終了直後には、かねて抱いていた「12球団は多すぎる」との考えのもとで1リーグ制を念頭に置き、ロッテに合併の交渉を持ちかけるという大勝負に出たが、調印寸前に破談。独断専行が他球団の不評を買ったとされる。そんな西村オーナーの球団経営への、ひいては野球というビジネスへの情熱は、急速に冷めていった。

「魔術師」が万全の根回し

そうした動向と相前後して、日本ハムで編成されたプロジェクトチーム。中核のメンバーは取締役商品計画室長の大成契之助、経理部長の井口茂、広報部長の野口秀男、そして商品計画室主任の小嶋武士（たけし）だった。プロ野球界内の各方面への根回しは、三原が一手に担った。のちに日本ハム球団で管理部長、球団代表、球団社長、オーナー代行を歴任することになる小嶋は、当時30歳。「三原さんは8～9月くらいから動いていた。譲渡に向けた話し合いは極秘で行われ、情報が外部に漏れることはほとんどなかった」と振り返る。10月中旬に三原のヤクルトアトムズの監督退任が決まると、その動きは水面下に潜んだまま、加速した。

小嶋自身も、三原の動きをつぶさに把握していた訳ではない。しかし、移動の交通費や諸経費を処理する立場だっただけに、「ちょこちょこ動いていたのは間違いない」と周到に段階を踏んでいることを実感していた。

リスクは覚悟

そして、11月11日付の新聞紙上で、日本ハムによる日拓ホームフライヤーズの買収が報じられる。当時の報道によると、以下のような時系列で進んだ。

・10月末、三原が岡野祐（たすく）パ・リーグ会長と会談。「日本ハムが日拓を買収する意思がある」と伝える。

・11月1日、岡野会長が日拓の西村オーナーと会談。日本ハムの意向が伝えられるが、西村オーナーはその場での回答を避ける。

・同7日、日本ハムの大社社長と三原、日拓の西村オーナー、岡野会長らが一堂に介して会談。買収が合意に達し、翌8日に仮調印。

この報道は、世間はもちろん、日本ハムの社内に与えたインパクトも大きく、身内からもさまざまな反響があった。当時は第1次オイルショックによる経済への不安が影を落としていた。球団を保有するメリットよりも、リスクを懸念する声が株主から上がったが、大社にはかねて「周りが苦しい時こそ、チャンスは生まれる。周りが苦しい時に自分も苦しいのは当たり前。こうした時こそ創意工夫をして頑張らなければ」という信念があった。そして、内外の関係者の懸念を払しょくし、鼓舞するメッセージを発した。

「日本の将来を担う子供たちの健全な身体を育成するために、野球は大いに貢献してもらいたい。ハム、ソーセージに懸ける情熱と変わらぬ情熱を、野球にも懸ける覚悟でいる。日本ハムは青少年の健全な育成を願い、国民が好きなプロ野球という娯楽を通して利益を社会に還元する」

11月17日、フライヤーズの球団経営権は日拓ホームから日本ハムに移り、日拓ホーム野球株式会社は日本ハム球団株式会社へ商号が変更された。大社はオーナーに、三原は球団社長兼球団代表に就任した。同19日、プロ野球の実行委員会が開催され、日拓ホームから日本ハムへの球団譲渡が正式に承認された。同時に、巨人とともに後楽園球場を本拠地球場とすることが承認された。また、同日には中西監督の就任が発表された。大社の強い要望だった。

チーム名は公募され、約13万通の応募の中から、岡山県の藤本親子（ちかこ）さん（16）が特賞に選ばれて「日本ハムファイターズ」に決定した。

後楽園にこだわり

球団を保有するにあたり、大社社長が最もこだわったのが、ホームを後楽園球場とすることだった。ハム、ソーセージの販売強化において首都圏攻略が最大の目標だったからだ。本拠地ではなかったが、金田正一監督のもと、当時の人気球団の一つだったロッテも後楽園でホームゲームを開催しており、この点においても「ライバル」だった。

小嶋いわく、後楽園との契約はやさしいものではなかった。「それは厳しかった」。都心の好看板広告や飲食店の収入は入らず、入場券の売り上げしかなかった

立地で、球場へのアクセスや、情報発信における優位性としては申し分ない。ただ、同じ球場でプレーするのは巨人という、いわゆる「球界の盟主」。１９７３年にはＶ９（９年連続日本一）を達成していた。加えて、同年当時でも関東に巨人、日本ハムの他にヤクルト、大洋、ロッテがあった。ロッテは翌74〜77年に宮城県仙台市を本拠地としたものの（78年から神奈川県川崎市、92年から千葉県千葉市）、79年には西武ライオンズが埼玉にフランチャイズを置くことになる。新たに船出する日本ハムファイターズは、チーム編成面においてはもちろん、ファン獲得の面でもあの手この手で知恵を振り絞り、独自色を打ち出すことが求められた。

三原─中西「父子」で船出

日本ハムファイターズの初代球団社長に就任した三原脩に対し、大社初代オーナーは「カネは出すけど口は出さない。全てを三原さんに任せる」とチーム運営の全権を委任した。実質的には今で言うゼネラル・マネジャー（ＧＭ）の役割で、選手、監督としてここまで実績を残した立場で運営に携わるケースとしては、日本球界では初めてと言っていい。

初代監督の中西は三原の女婿という間柄。中西が西鉄でプロ人生を踏み出した時の監督であり、互いの前職もヤクルトの監督とヘッドコーチという関係性だった。中西は三原を「おやじ」と呼び、これほど太いパイプはない。スポーツライターの越智正典は「親子というより師弟と言うべき」と表現し、このコンビによる1974年のシーズンに注目した。

三原が開幕前に掲げたチームづくりの理想像は「都会的な洗練されたチーム」。プロ野球草創期に東京で誕生した「セネタース」のようなチームを、と考えた。

「セネタースはやや攻撃力に弱さはありましたが、守備力と投手力にすぐれ、その洗練されたチームカラーはジャイアンツとはまた違った意味で人気を集めたものでした」(三原)

洗練されたチーム、というのは大きなポイントだ。新生球団のモットーは「強く 明るく 親しまれる球団」。食品会社としては、明るくさわやかなイメージは不可欠だった。改善すべき現状の課題について述べる際、三原の思いはさらに顕著になった。

「フライヤーズ時代は、暴れん坊のイメージを強烈に前面に押し出すようなチームカラーに変わってきました。たたみかける強さ、破壊力はすばらしいものでしたが、度がすぎると、守りを忘れ、またホームランなど長打の威力という魔性にひきこまれ、選手は自分の体質、特徴を忘れて、強気一方のガムシャラなゲーム運びとなり、〝機に応じた巧味〟に欠けるチームになりつつありました」

1962年に球団史上初の日本一に輝いた前身の東映フライヤーズは、「駒沢の暴れん坊」と称された。駒沢野球場を本拠地とし、投手では土橋、野手では張本勲らを筆頭に、自由奔放な個性派ぞろいだったためだ。球界を揺るがせた69年の八百長問題「黒い霧事件」では、主力投手の一人だった森安敏明が、敗退行為に関わったとして永久失格処分を受けた。球団に暗い影を落とし、経営不振もあって4年後に東映は日拓へ身売りすることになる。日拓は球団のカラーが浸透する間もないまま撤退した。新球団ファイターズにとって、「東映カラー」からの脱却は大きなテーマになっていた。

三原は初めてのキャンプで、中西監督ら首脳陣に「攻防一如」という言葉を強調した。攻撃も守備も両立させてこそ、強いチームが完成する、という意味だ。チームカラーについてはさておき、チーム強化に向けた中西の考えは三原と同じだった。「攻撃力に関しては全く言うところがない。半面、守りの面ではもろいところがある」と語り、遊撃手が固定できないことや、外野陣について「張本は攻撃ほど守備に神経を使っていない。千藤（三樹男）、白（仁天）も同じだ」と改善点に挙げた。

当時は阪急の全盛期。その牙城を崩す。中西は「もちろん、優勝は狙いまっせ。前、後期のいずれかにチャンスは必ずあるはずだ。あっと言わせて見せるから、まあ期待して見とってくださいよ」と威勢良く臨んだ。

第１章　苦難の船出

1974年~75年

「元年」好発進からの暗転（1974年＝6位）

多摩川グラウンドでキャンプインし、2次キャンプは松山市で実施。ファイターズ元年の開幕戦は、4月6日、敵地・平和台球場で太平洋クラブライオンズと戦った。先発の渡辺秀武は、6回⅔を2失点と好投。2対2で迎えた8回に先頭打者・白仁天の左越えソロ、中原全敏の適時二塁打で2点を勝ち越し、開幕戦を白星で飾った。2番手で2回⅓を無失点に抑えた三浦政基に白星が付き、記念すべきファイターズ初の勝利投手になった。

次カードは阪急に熊本藤崎台球場で3連敗を喫したものの、後楽園に戻って迎えた13日の本拠地開幕戦は、ロッテに7対2で快勝した。日拓時代の1973年にルーキーイヤーを迎え、チーム唯一のタイトルとなる新人王を獲得した右腕・新美敏（にいみ・さとし）が9回を2失点完投勝利。初回にジョージ・アルトマンに先制2ランを浴びたが、2回以降に許した安打は1本のみという快投だった。打線は阪本敏三、千藤、張本、末永吉幸に本塁打が飛び出すなど、自慢の打線が力強く援護した。

18日の阪急戦（西宮）から24日の近鉄戦（後楽園）にかけて5連勝。新美はこの時点で先発として3戦3勝（他に中継ぎで1試合に登板）と、「2年目のジンクス」の不安を感じさせない滑り出しとなった。しかし、チームは直後に思いもよらないアクシデントに見舞われた。

助っ人失踪、7連敗

開幕直前の3月下旬にテスト入団を果たした右腕投手バレット・スノーが、突如失踪した。米マイナーリーグでのプレー経験があり、貿易会社の社員として日本を訪れた機会に日本ハムの入団テストを受けたという異色の経歴。エースナンバー「18」を与えられるなど首脳陣の期待は大きく、一軍デビューに備えて二軍戦で調整していた矢先だった。4月25日、年俸を月割りにした給料が支給されると、その2日後、スノーは初めての給料を手に、姿を消したのだ。球団は30日に契約解除を連盟に申請し、コミッショナー事務局は5月9日に「無期限失格選手」に指名した。のちに、スノーは既に米国へ帰国していたことが判明した。

このショックが尾を引いたのかは定かではないが、チームは4月25日の近鉄戦（後楽園）から5月3日のロッテ戦（川崎）まで7連敗を喫してしまう。4月28日の南海戦（後楽園）では、新美が8回4失点と力投しながらも3対4で惜敗し、この年の初黒星がついた。

チームを襲ったアクシデントは、スノーの失踪だけにとどまらない。5月8日の太平洋戦（後楽園）では、三塁を守る阪本に向かって太平洋のファンがビール瓶を投げる暴挙。これが頭部に当たった阪本は、全治1週間のケガを負った。明るい話題に乏しい中、4月は7勝9敗、5月は10勝14敗3分け。6月は8勝13敗1分けと、じりじり成績を落とし、前期は25勝36敗4分け（勝率・410）の6位に終わった。

張本の孤軍奮闘

調子の上がらないチームをよそに、プロ16年目、34歳のシーズンを迎えていた張本は奮闘を続けていた。既に1972年の8月に通算2000安打を達成している大打者。守備面に関しては中西監督に開幕前から名指しされていた通り、難があったものの、打撃は健在だった。５連勝をマークした４月24日の近鉄戦では通算２００二塁打に到達。１試合25安打20得点をマークした６月２日の阪急とのダブルヘッダー第２戦（西宮）では５、６号アーチを含む３打数３安打４打点と打線を引っ張った。同12日の太平洋戦（北九州）で３安打を放ち、打率・３６５でリーグトップに立った。

巻き返しを狙う後期も……

後期での巻き返しに向け、球団は外国人投手２人を緊急獲得。元々投手陣が弱点だった上に、失踪したスノーの穴を埋める必要があった。先発左腕のマイク・ケキッチ（前・インディアンス）と、リリーフ左腕のテリー・レイ（前・パドレス傘下３Ａ）である。特にケキッチはヤンキース時代の１９７１、72年に２年連続10勝をマークした実力者で、期待度は高かった。

しかし、キャンプ、オープン戦などを経ておらず、十分な適応期間がなかったのが災いしたのか、２人は数々の不名誉記録を重ねてしまう。レイは来日初先発となった７月17日の近鉄戦（日生）では初回にパ・リーグ新記録となる１イニング３ボーク。

ケキッチは8月7日の近鉄戦のダブルヘッダー第2試合（草薙）で1試合10四球、同20日のロッテ戦（後楽園）で4連続四球と、いずれもパ・リーグタイ記録の乱調ぶりだった。結局ケキッチは18試合に登板して5勝11敗、防御率4・13と最後まで実力を発揮できず、この年限りで退団した。

7月は6勝6敗と、かろうじて5割で乗り切ったものの、8月は8勝20敗と大失速。結局、後期は24勝39敗2分けで勝率は・381と3割台に下げて前期同様に6位となり、通算勝率も・395（49勝75敗6分け）で最下位に終わった。

張本が打率・340で通算7度目、結果的にキャリアで最後となる首位打者を獲得。チーム打率・246３は南海（・2456）に7厘差のリーグ3位、472得点はリーグ4位タイと、打線全体としては持ち味を発揮しきれなかった。課題の投手陣は、チーム防御率が唯一の4点台となる4・11で最下位。2年目の新美が唯一のチーム2桁となる12勝（14敗）と奮闘した。防御率は3・83。1973年に新美とともにチームの勝ち頭だったアンダースロー右腕・高橋直樹は、チームトップの防御率3・21をマークしたが、9勝（11敗）にとどまった。

血の入れ替え

目指した野球「攻防一如」が実現しなかった1年目。球団社長の三原は、オフに活発に動いた。10月22日には正二塁手の大下剛史を広島に放出し、上垣内誠と渋谷通を獲得するトレードを成立させる。１週間後の同30日には、さらなる改革を断行した。小田義人と内田順三を交換要員に、四番打者の一塁手・大杉勝男をヤクルトに放出したのだ。「一番・二塁」を担い、１９７２年には初代ダイヤモンドグラブ賞（現ゴールデン・グラブ賞）に輝いた攻守の要と、本塁打王２回、打点王２回を獲得していた四番打者。いずれも当時29歳と、脂が乗りきっていた時期だった。

大下は打率を前年の・２６１から・２４７と落としたものの、盗塁数は2年ぶりの30超えとなる34盗塁をマーク。大杉も打率を前年の・２７０から・２３４と落としたが、打点は90。34盗塁、90打点は、いずれもチームトップの数字だった。

さらに「血の入れ替え」は続いた。12月12日には東田正義との交換で、中軸を張っていた外野手の白を太平洋に放出。主力選手が一気に3人、チームを去ることになった。大下と大杉は1対2の交換だったとはいえ、獲得した5人のうち、１９７４年のシーズンに１００試合以上出場していたのは、広島商時代に大下の同期でもあった上垣内だけ。それでも１１０試合に出場して打率・２３７、5本塁打、18打点、5盗塁である。規定打席には達していないバイプレーヤーだ。「都会的な洗練されたチーム」を目指す上での編成プランだったのかもしれないが、少なくともこの時点では、放出された選手と比較して「格落ち」の感は否めない。これも「三原マジック」の一端なのか……。その結論は、１９７５年以降のシーズンを待たなければならなかった。

改革の2年目へ

球団は活発なトレード以外にも、大きな変革に乗り出していた。大社初代オーナーは、チーム編成を三原社長に一任し、中長期的な視野での強化を求めていた。一方で、憂慮していたのはシーズン55万人、平均８５００人という観客動員だった。東京を本拠地としながら、パ・リーグ6球団中で4位。前年の73万８１００人で3位から順位を1つ下げ、前年比74・5%の集客という苦戦ぶりだった。

多くのファンを獲得するためには、何が必要なのか。日本ハム本社の担当部署と球団の間で、初年度のシーズン中から何度も対策会議が行われた。そこで生まれたのは2つの案。一つは、フライヤーズ時代から踏襲していた子供向けのファンクラブ「少年ファイターズ」をさらに進化させること。もう一つは、本場の経営のノウハウを学ぶため、大リーグ球団と提携関係を結ぶことだった。後者は本社から持ち上がったプランで、大社オーナーがGOサインを出し、三原社長も賛同した。

業務提携「ヤンキースしか知らん」の一択

提携球団はどこにするのか。三原社長が多くの球団に提携を打診する手紙を出し、「話し合いに応じる」との回答を受けたのは、1974年にナショナル・リーグを制した名門ロサンゼルス・ドジャースだった。しかし、大社オーナーがこの選択には難色を示した。

「ドジャースと読売ジャイアンツとの関係は、日本国内では兄弟球団のようにマスコミで取り扱われており、一般の野球ファンもそう思っているのではないか。プロ野球界の新参者としての立場を考え、日本の球界への配慮も必要だ」

ファン心理を配慮する、経営者としての繊細さがのぞいた。

球団内では他にも複数の候補が挙がった。当時の強豪の一つであるボルティモア・オリオールズ、そして、ドジャースに並ぶ名門球団ボストン・レッドソックス。三原以下、球団内で異論はなかったが、大社が首を縦に振らない。その代わり、こう言った。

「わしは、ヤンキースしか知らんなあ」

ヤンキースは、三原の手紙に対し、当初は「提携する意向はない」と返答していた。しかし、大社の思いはかたくなだった。ドジャースとの提携交渉を自重した繊細さとは180度異なる、豪快で大胆な物言い。この一声で、ファイターズの方向性は固まった。何としても、ヤンキースとの業務提携を勝ち取る——。

勝算があったわけではない。ただ、足がかりはあった。日本ハム本社が1969年、当時世界最大の食肉加工会社だったスウィフト社との業務提携で協力を仰いだ三菱商事の食料開発部・相沢徹部長、日高一雄次長を頼ることにした。ニューヨークに駐在中だった2人は、あらゆるパイプを駆使してヤンキースとの接点を探った。すると、ニューヨーク三菱商事の顧問弁護士を務める人物が、同業者同士のつながりで、ヤンキースの顧問弁護士までたどり着いた。その顧問弁護士の仲介により、１９７５年の3月に当時のヤンキースのキャンプ地、フロリダ州のフォートローダーデールで、ヤンキースの球団首脳と対面する場が設けられた。

名門球団を動かした人柄と熱意

この話し合いの席には、日本ハムからは大社オーナーと三原社長が参加した。ヤンキース側は、ジョージ・スタインブレナー・オーナーが野球活動への職務停止中（リチャード・ニクソン米大統領のスキャンダルへの関与が判明したため）で不参加。ゲーブ・ポール球団社長、タル・スミス球団副社長兼ＧＭが顔を並べた。

大社は両者に対し、熱く訴えかけた。日本ハムの企業姿勢を説明するとともに、ヤンキースと業務提携を結んで球団経営のノウハウを学びたい思いをぶつけた。のちに関係者が語ったところによると、この会合がヤンキースの首脳陣の心を動かした。小嶋が「毅然とした中にも人を惹きつける独特な雰囲気を持っていた」と振り返る大社の人柄や姿勢が相手の好感を得ると、それがスタインブレナー・オーナーにも伝えられた。以降、提携の交渉は大きく前進し、スムーズに運んだ。

開幕を10日後に控えた3月26日。大社、三原が帰国し、日本ハムとヤンキースの業務提携が発表された。その骨子は以下の通りである。

①ファイターズの代表者がヤンキース経営陣トップの監督のもと、ヤンキースの経営全般を研修することを許容する

②ファイターズの運営をフルタイムベースで監督する要員をヤンキースが派遣し、運営改善の勧告案を出す

③ファイターズがその時最も必要とするポジションの外国人選手獲得に援助する

④必要であれば、ファイターズの要請により、ヤンキース所属のメジャーリーガー4人、コーチ1~2人をポストシーズンゲーム（オフの非公式戦）、またはオープン戦時に派遣し、試合に参加させる

⑤ファイターズの選手2人（ヤンキースが同意すればそれ以上）を毎年ヤンキース傘下のマイナーリーグキャンプに受け入れる。また、要請があればシーズンを通してそのマイナーのチームに参加することができる（のちに教育リーグのチーム参加も承認）

⑥ファイターズの球団職員、監督、コーチ、トレーナーらがヤンキースの選手の練習、野球用具、設備、医療や治療に関する技法、実施状況の研修目的で随時、訪問することを受け入れる

⑦その他、当事者双方が業務提携の趣旨にかなう役務を行う

⑧ヤンキースの名称、ロゴマーク、商標の使用許諾

Aファイターズはホーム球場内で野球振興のため使用できる

B日本ハム（本社）またはその子会社は国内で製造販売する全ての食肉製品包装物または容器に使用できる

C日本ハムまたはその子会社はその全食肉製品の宣伝のため国内で印刷物やラジオ、テレビに使用できる

⑨ファイターズはヤンキースに一定の対価を払う（額は年ごとに変動）

これらの内容は大リーグの協約改正、ヤンキースの方針変更などに応じて改定、修正を加えながら、業務提携は2002年6月まで27年間にわたって長く続くことになる。時期によって濃淡はあれど、ファイターズの発展にさまざまな形で好影響をもたらした。

成長と誤算（1975年＝6位）

2年目のファイターズは4月5日、前年と同様に敵地・平和台球場で太平洋と開幕戦を迎えた。1974年のオーダーと比べると様変わりしている。

＜74年＞

一（三）阪本敏三
二（二）大下剛史
三（左）張本　勲
四（一）大杉勝男
五（右）千藤三樹男
六（中）白仁天
七（捕）加藤俊夫
八（遊）末永吉幸

＜75年＞

一（二）阪本敏三
二（中）内田順三
三（左）張本　勲
四（三）ジェスター
五（指）東田正義
六（右）千藤三樹男
七（捕）高橋博士
八（一）渋谷　通

九（投）**渡辺秀武**　　九（遊）**菅野光夫**
投　**高橋直樹**

打順、守備位置とも同じなのは、「三番・左翼」の張本ただ一人。1975年からパ・リーグで導入された指名打者（DH）に東田が五番で入ったほか、内田、渋谷と前年オフのトレードで加入した3人が名を連ねた（小田、上垣内は途中出場）。四番のゲーリー・ジェスターは1972年にパドレスで6本塁打を放った元大リーガー。九番の菅野は1974年ドラフト1位のルーキーだ。新打線で臨んだシーズン初戦は延長11回の熱闘の末、3対4でサヨナラ負け。太平洋・東尾修とともに完投した高橋直が、最後に力尽きた。東田とのトレードの交換相手となった白仁天は太平洋の「七番・中堅」として先発出場。2人そろって5打数3安打でソロ本塁打による1打点と活躍した。好ゲームを落としたファイターズは開幕3連戦を2敗1分けで終えた。

4月9日のロッテとの本拠地開幕戦、中4日で登板した高橋直が8回⅓を1失点と好投し、自身とチームのシーズン初勝利をマークした。先発投手の高橋直とスタメンD

Hの東田がマント姿でオートバイに乗って登場するという斬新な演出も話題を呼んだ。

4月は8勝10敗4分け、5月は10勝12敗3分け。なかなか状態は上向かなかったが、6月は9勝7敗と、日本ハム2年目で初の月間勝ち越しをマークした。21日の南海戦（後楽園）に勝ち、3連勝で5割に浮上。そこから1分けを挟んでの3連敗で前期を27勝30敗8分けの4位で終えた。

1年目と比べると、確かにチーム力は上がっている。前期では6月下旬、後期では9月上旬に一時的に2位に浮上した。しかし、後期は最終的に28勝33敗4分けで、前期同様に4位でフィニッシュ。シーズン通算では55勝63敗12分けの勝率・466で6位に終わった。

投手陣では高橋直がチーム勝ち頭でリーグ3位の17勝。13敗も喫しているが、防御率は2・95と決して悪くない。11勝3敗の野村収は近鉄・鈴木啓示と並ぶ勝率・786で最優秀勝率のタイトル（現在の勝率第1位）を獲得した。打者では新加入の小田が打率・3187と奮闘し、惜しくも5毛差で首位打者のタイトルを逃す。トップは太平洋に移籍した白だった。

劇的ではないにせよ、ファイターズの成長は見て取れたシーズン。小田の他にも内田順三が主に右翼手として１０８試合に出場し打率・２５９をマークするなど、「血の入れ替え」は一定の成果があった。一方で、２年連続最下位という事実もある。躍進に向けて、まず球団が踏み切ったのは、中西太監督の交代だった。

監督交代へ――幻のボビー・コックス監督

東映時代の１９６９年からプレーし（ドラフト指名は67年）、75年に17勝を挙げた高橋直は、中西監督について「あまり細かいことをグチグチ言わなかったですね。何でも大目に見てくれて、みんなを盛り上げていく感じでした」と振り返る。既に成熟したチーム、あるいは生きのいい若手が続々と台頭するチームであれば、フィットしたかもしれない。しかし、当時は主力選手の高齢化が目立つ中でも世代交代が十分に進んでいなかった。采配自体も頭打ちの感が見られ、中西の義理の父である球団社長の三原も、より強いチームをつくるために監督交代を決断した。

実は、1975年9月の段階で、ファイターズの2代目の指揮官として、まず検討に入っていたのは外国人監督の招へいだった。さかのぼること半年前の3月にヤンキースとの業務提携を発表。6月23日には、来日したゲーブ・ポール球団社長とともに大社オーナー、三原社長らが調印式に臨んだ。大リーグの名門球団とのパイプを最大限に生かし、チームの躍進につなげようとする上で、考え得る大きな改革案ではあった。7月中旬にニューヨークに派遣され、8月から本格的な研修に入ったばかりだった小嶋のもとに9月下旬、ニューヨーク時間の真夜中、三原から電話が入った。そこで「L（候補者のイニシャル）氏を新監督に考えている。その意向を打診してほしい。あるいは、ヤンキースやその傘下から監督を送ってもらえないか、打診してほしい」と指令が出た。

三原の頭の中には日本での指導経験がある意中の人物もいたが、小嶋はポール球団社長に相談すると、その人物について「監督としては性格的に難があり、難しいのではないか」と語り、色よい返答ではなかった。球団が「ミスターL」と称したこの候補者は、野球への知識や情熱などは申し分なかったが、その半面、気性が荒く、選手との良好な関係が保てない懸念があった。小嶋はポール社長に加えて、当時ヤンキース監督のビリー・マーティンにも意見を求めたが、「言葉の障害が、監督を務める上で問題がある」と、誰であるかにかかわらず、日本で外国人監督が指揮を執ることには後ろ向きな回答だった。

ただ、ヤンキースは「どうしてもヤンキースから監督の派遣を要請するなら」と１人の候補者の名前を挙げた。当時、ヤンキース傘下の３Ａシラキュースでコーチを務めていたボビー・コックスという男である。元三塁手で、選手としてはメジャー通算２２０試合出場に終わり大成しなかったが、大リーグの監督として大きく花開いた。１９７８年に就任した第１次ブレーブス時代はチームの低迷期で、４シーズンで勝ち越しが１度だけだったが、82年に就任したブルージェイズでは着実にチームを押し上げ、４年目の85年には球団創設初の地区優勝に導く。２度目のブレーブス監督時代は90年代にグレグ・マダックス、トム・グラビン、ジョン・スモルツら強力投手陣を擁して95～２００５年に11年連続地区優勝を果たすなど、リーグ制覇５度、95年にはワールドシリーズ制覇。黄金時代を築いた。監督通算２５０４勝は歴代４位で、２０１４年には米国野球殿堂入りを果たした。

もちろん、1975年9月の時点で、ここまでのコックスの監督としての能力を予見できるはずはない。また、コックスが仮に来日して日本ハムの監督に就任したとしても、同じように成功したかは分からない。ただ、日本ハムとしては、推薦されたコックスを検討した上で、招へいを断念した。最終的に外国人監督に踏み切れなかった理由は、やはりコミュニケーションの問題。当時は球団内に英語を話せるスタッフが1～2人しかおらず、時期尚早、との結論に至った。

振り出しに戻った監督人事。そんな折に、ライバル球団から推薦されたのが、あの人物だった。

第2章　躍進への胎動

1976年～79年

太平洋オーナーの推薦

太平洋クラブライオンズのオーナー・中村長芳（ながよし）は、珍しい形で同職に就いた。岸信介元首相の秘書から、岸の盟友であるロッテオリオンズのオーナー、永田雅一のサポート役に転身。１９６９年から同球団のオーナーに就任した。しかし、69〜71年に起こった「黒い霧事件」を機に西鉄ライオンズが経営不振に陥ると、政財界に太いパイプを持つ中村がスポンサー探しを手伝うことに。そこで太平洋クラブがスポンサーに名乗りを上げたのだ。

こうした経緯から、中村が「太平洋クラブライオンズ」のオーナーを任されることになった。一方で、野球協約が1つの法人または個人が複数球団を保有することを禁じているため、ロッテを退団した。

その中村が日本ハムの三原球団社長に、新監督として推薦したのが、１９７１年の7月24日から翌72年のシーズン終了までロッテで指揮を執った後に退団し、野球解説者として活動していた43歳の大沢啓二だった。三原は「若くて元気がある監督です」

と大社オーナーに報告し、了承を得て、11月5日に監督就任が発表された。大沢は「いきなり自宅に電話がかかってきた。三原と言われてもピンとこず、思わず名前を聞き返したぜ」と振り返る。背番号は「ハム」と読める86に決まった。解説者として契約していたラジオ関東（現・ラジオ日本）の送別会で、アナウンサーの島碩弥（しま・ひろみ）から勧められた番号だった。

ケンカ上等の不良球児

太平洋戦争が終わった年、1945年に旧制平塚工（現・平塚工科）に入学した大沢は、野球はそこそこに、盗みとケンカに明け暮れる不良少年だった。2年時はケンカが原因で退学になってしまう。大沢の2人の兄はいずれも、当時のプロ野球選手。長兄の清の口利きで自身の母校・神奈川商工に編入できることになった。「兄貴の顔に泥を塗るわけにはいかない」と野球に打ち込み、2年後にはエースになって、50年夏には甲子園出場も果たした。しかし、翌51年、3年夏の神奈川大会2回戦で敗退すると、試合中の球審に不満を抱えていた大沢は、試合後に偶然トイレでその球審に出くわすと、怒りに任せて蹴りを入れてしまう。他校の選手が目撃していたこともあり、問題は大きくなり、神奈川商工は1年間の出場停止処分を受けた。

最後までやんちゃな性格がトラブルを呼んでしまった大沢だが、思わぬ形で人生の歯車が回り出す。その野球の実力を評価するプロ球団や社会人チームから誘いがあっても、進路についてろくに考えず「チンピラ稼業も悪くねえな」などと思いながら、季節は秋を迎えていた。大沢の自宅をある男性が訪ねてきた。誰かと思えば、何と夏の大会で大沢に蹴りを入れられた球審。立教大野球部のOBで、勧誘に来たのだ。「君のように野球がうまくて元気のある選手が立教には必要なんだ」。奇しくも、24年後の日本ハム・三原球団社長から大社オーナーへの推薦文句と同じ「元気」がキーワードだった。

鶴岡監督との出会い

立教大では1年時から外野手としてプレーし、東京六大学リーグで活躍。ドラフト制が導入されていない当時は自由競争で、3年生になるとプロのスカウトが続々と接触してきた。中でも熱心だったのは南海（現・福岡ソフトバンクホークス）。４年生になると、監督の鶴岡一人が直々に会いに来て、熱心に口説かれた。

「大沢君、南海ホークスはどうしても日本一になれない。そこで、君と長嶋（茂雄）君と杉浦（忠）君、３人の力を借りたい。俺を男にしてくれ」

２人の後輩のスター選手とともに、南海を日本一にする――。結果的に２年後に入団した後輩は杉浦のみで、長嶋は翻意して巨人に入団することになるが、大沢は１年目の１９５６年から外野のレギュラーを確保。１４５試合出場で打率・２５９（３８６打数１００安打）、４本塁打、30打点、18盗塁をマークし、オールスターにも選出された。一方で、長嶋の南海入りを翻意させた巨人を倒すことが大沢のプロ人生のテーマになった。４年目の日本シリーズは杉浦の４連投で４勝０敗。悲願の「打倒巨人」を達成し、球団史上初の日本一に輝いた。

１９５９年の日本シリーズは杉浦の大車輪の活躍がクローズアップされるのは当然ながら、大沢は中堅手として再三の好守備を見せた。アクロバティックな美技ではなく、経験を生かした読みとひらめき、そして「勘」を駆使して大胆に守備位置を移動。時には30メートルも動いて失点を防ぎ、普段の公式戦からトリックプレーなども決める大沢の本領が発揮されたシリーズだった。三原社長が監督に選んだポイントの一つとして、この「頭脳的」ポジショニングに感銘を受けたということも、のちに明かしている。

一方、打撃の方はキャリアを重ねるにつれて徐々に成績が下降。プロ1年目の成績を上回ることができないまま、9年目の1964年オフに球団からスカウトへの転身を命じられ、これを拒否すると、東京オリオンズ（現・千葉ロッテマリーンズ）から獲得の打診があって移籍した。65年限りで現役を引退し、翌66年に打撃コーチに就任して指導者としてのキャリアを踏み出す。

ロッテで志半ば

ロッテオリオンズ元年の1969年には二軍監督に就任し、同職で3年目となった71年に転機が訪れた。7月23日に一軍監督の濃人渉（のうにん・わたる）が放棄試合の問題などにより更迭されて二軍監督に降格になり、代わって大沢に一軍監督のポストが回ってきたのだ。大沢は就任後の10試合で9勝1敗の快進撃を導くなど、最終的には3・5ゲーム差の2位に終わるが、優勝した阪急ブレーブス（現・オリックス・バファローズ）をおびやかした。39歳の指揮官は、ここで俄然、注目を浴び、メディアからは南海時代に仕えた「親分」鶴岡にちなんで「若親分」と呼ばれるようになる。ここから、のちに「大沢親分」と称されることになる。

当時、采配について問われると、独特のべらんめえ口調で、こうまくし立てた。「監督が代わったからといって勘がいいとか采配がいいなんてことはねえよ。選手が勝手にやってくれているだけ。野球は人間様同士の戦いだから、ファイトのある方が勝つだけさ」。広く知られている「親分」のイメージ通りの発言である。ただ、それは表向きの一面に過ぎない。チームづくりには確固たるポリシーを持っており「野球の本質は打って勝つことじゃなくて、そつのない守りで勝つこと」と訴えた。

ロッテは1971年オフ、現在でも監督としては異例の5年契約を結ぶ。大沢への評価と信頼の表れだった。意気に感じた大沢も、思い切ったトレードを敢行。この年に首位打者に輝いた江藤慎一を大洋ホエールズ（現・横浜DeNAベイスターズ）、榎本喜八を西鉄、アルト・ロペスをヤクルトへと、それぞれトレードで放出した。大洋からは投手の野村収、西鉄からは捕手の村上公康、ヤクルトからは投手の外山義明を獲得。5年契約のもと、守備重視のポリシーを貫き、中長期的なチームづくりを目指した。しかし、翌72年は肝心の投手陣が不調で5年ぶりのBクラスとなる5位に沈むと、球団は人気回復を目指して大胆にかじを切る。あっさり5年契約を反故（ほご）にし、大沢は更迭された。72年11月、当時39歳で通算400勝のスーパースター、金田正一が新監督に就任した。

突然の監督就任に、1年余りでの突然の解任。しかも、成績不振とはいえ、5年契約を結んでから、たった1年での退任である。明らかなスタンスの「ぶれ」が感じられる監督交代には、早急な人気回復やイメージアップに向けて難しい経営判断を強いられた球団の事情が見え隠れした。ロッテのオーナー、中村による日本ハムへの大沢の推薦の裏には、純粋な監督の資質への高評価に加え、大沢への申し訳なさも少なからず、あったのだろう。ともあれ、志半ばで監督生活にピリオドが打たれていた大沢には、リベンジの機会が与えられた。

張本の放出――東映カラーを一掃

「やっぱり、チームを改革するにはそれなりの犠牲というかな、思い切ったことをしなきゃなんねえわけよ」

そう語る大沢新監督の就任から20日後の11月25日。大型トレードが成立した。日本ハムは巨人から先発左腕の高橋一三、三塁手の富田勝を獲得。交換要員として放出したのは、1975年までの17年間で2435安打を放っていた35歳のベテランで、「駒沢の暴れん坊」の最後の大物である張本だった。

大下、大杉、白。前年の1974年オフに東映時代の主力が次々と移籍し、後年の回顧によると、張本は「次は自分の番」と覚悟を決めていたという。

「舎弟分を全部出された。最後は俺だなと。一番目障りな張本なんか〝外したいリスト〟NO・1。でも、最初に外すと抵抗があるから、手足をもぐように削っていったわけです。それは私も察知するじゃないですか。大杉なんか、はっきり言ったもん。『アニキ、次はあんただよ』って」

トレード相手となった巨人は、長嶋監督の就任1年目となった1975年に球団史上初の最下位に沈んでいた。なりふり構わず巻き返しを狙うため、王貞治の前後を打つ強打者を熱望していた。立教大の先輩後輩が率いるチームが、それぞれの思惑のもと、実現した大型トレード。同じ南海でのプレーは実現しなかったが、大沢は長嶋を思い、自身をも奮い立たせるべく、75年オフの森祇晶（もり・まさあき）＝当時・昌彦（まさひこ）＝との対談で、こう話した。

「後楽園球場でジャイアンツも日ハムも最下位なんていうんじゃ、これはどう考えてもファンに申し訳ないわな。長嶋にも今度会ったら気合を入れようと思ってるんだけれどね」

東映カラーを一新し、2年連続最下位からの巻き返しへ。同じ後楽園を本拠地とする長嶋ジャイアンツとの共闘を誓った。

地ならしの1年目（１９７６年＝５位）

１９７５年のオフはさらに、近鉄に阪本、内野手の八重沢憲一を放出して外野手の永淵洋三とユーティリティープレーヤーの服部敏和を獲得。さらに東田との交換で村上雅則と内野手の後藤和昭を迎え入れた。業務提携先となったヤンキースからは、メジャー通算33本塁打の外野手ウォルト・ウイリアムスを獲得。後楽園球場は日本球界では初となる人工芝が導入された。チームもグラウンドも一新して迎える、大沢ファイターズの船出だった。

大社オーナーは、３年目のシーズンに向けて、こう抱負を述べている。

「わがファイターズは今年こそは、何としても優勝を狙える強いチームとなり、ファイトあふれる試合をファンの皆さまにお目にかけねばならないと覚悟を新たにしております。そのため、私は〝勝つ〟ための基盤をつくるべく大胆に、かつ、大幅なチーム改造を敢行いたしました。チームの牽引（けんいん）力となる監督にファイトの塊のような大沢君を選定しました。その大沢君を中心に、トレードと新人を含め20人ものフレッシュなメンバーが、ファイターズの新戦力として加わりました。優勝を狙えるチームの基盤はできたと考えています」

大社が言うように、3年目がいかに「フレッシュなメンバー」となっているかは、1974年から3年間の開幕戦のスタメンを比較してみると、よく分かる（△印は新加入）。

＜74年＞
一（三）阪本敏三
二（二）大下剛史
三（左）張本　勲
四（一）大杉勝男
五（右）千藤三樹男
六（中）白仁天
七（捕）加藤俊夫
八（遊）末永吉幸

＜75年＞
一（二）阪本敏三
二（中）内田順三△
三（左）張本　勲
四（三）ジェスター△
五（指）東田正義△
六（右）千藤三樹男
七（捕）高橋博士
八（一）渋谷　通△

＜76年＞
一（遊）服部敏和△
二（左）内田順三
三（一）小田義人
四（中）ウイリアムス△
五（指）永淵洋三△
六（捕）加藤俊夫
七（右）岡持和彦
八（三）後藤和昭△

九（投）**渡辺秀武**　　九（遊）**菅野光夫**△　　九（二）**中原全敏**
　　　　　　　　　　　投　**高橋直樹**　　　　投　**高橋直樹**

東映時代に長く主力を務めた大下、大杉、白、張本が去ったのに加え、元阪急で1972年に東映に加入した阪本、75年から加入して五番を務めた東田もトレードで移籍。3年連続で開幕スタメンに名を連ねた選手は一人もいない。75、76年の2年連続でも、野手では内田だけしかおらず、守備位置は75年の中堅から、76年は張本が抜けた左翼へと移った。いかに「新陳代謝」が著しかったかが如実に分かる。

大沢監督は、選手には南海時代の恩師である鶴岡の決め文句でハッパをかけた。「グラウンドにはゼニが落ちている。自分で拾え！」。4月3日、後楽園で迎えた大沢ファイターズの開幕カードの相手は、指揮官の古巣・ロッテだった。前年のチームの勝頭で、2年連続の開幕投手を担った高橋直は、2回までに2点の援護を受け、5回まで無失点と好投を続けたが、6回に3点を失う。逆転されて5回⅔で降板するが、打線が裏の攻撃で4点を奪うなど奮起した。10安打8得点で8対3の快勝。好スタートを切ったかに見えたが、翌4日から2連敗を喫してカード負け越しとなった。高橋一が2度目の先発となる同10日の南海戦（大阪）で移籍初白星となる完封勝利をマーク。また、かつてヤンキースでプレーし、前年までブルワーズに所属した外野手のボビー・ミッチェルが同25日に来日し、27日の近鉄戦（後楽園）で来日初打席アーチを放つなど、明るい話題もあったが、4月は8勝10敗2分けと黒星が先行した。

5月も9日の阪急戦（後楽園）から15日の近鉄戦（藤井寺）まで7連敗を喫するなど、なかなか状態が上向かずに9勝12敗3分け。6月は9勝9敗3分けと、何とか5割を保ち、前期は勝率・456で4位に終わった。大沢自身は6月18日の阪急戦（後楽園）で竹村一義への死球に怒り、マウンドに突進して殴打する暴れっぷりで7日間の出場停止を受ける騒動も。その間は、「いい機会だから、みんな経験してみろ」とコーチに順番で試合を指揮するよう指示し、自らはスタンドで悠然と見守っていた。

後期も苦戦は続き、26勝36敗3分け（勝率・419）の5位。シーズン通算でも52勝67敗11分け（同・437）の5位に終わった。ただ、その中で目立ったのが新加入の富田の奮闘だ。開幕スタメンこそ逃したものの、8月20日の阪急戦（西宮）で9号ソロを含む2安打をマークして打率は・312まで上昇。規定打席には9足りなかったが、この時点で南海・門田博光の・307を上回って「隠れ首位打者」となった。

最終的にリーグ8位の打率・284（387打数110安打）でフィニッシュしたが、5年ぶりに規定打席に到達して復活した。104試合に出場して本塁打は10、打点は44。前年は巨人で出場試合数こそ103とほぼ同じだったが、196打数37安打で打率は・189。本塁打は1、打点は13にとどまっていた。V字回復の裏には大沢の存在があった。

富田を再生させた「親分流」

巨人時代には遠征先はもちろん、本拠地の東京でも赤坂、六本木、青山を飲み歩いていた富田は、日本ハム入団後の1976年の鳴門春季キャンプ以降、ネオン街から足が遠のいた。無理をしている訳ではなかった。

「日本ハムに来たら、普段あれこれ束縛されない。だから、特に発散させる必要がなくなっちゃったんだ。巨人の時は、やれ門限だ、酒はダメとか縛られていたから、飲んでもいい時に、ここぞとばかりに徹底して遊んだもんだが……」

衝撃を受けたのが鳴門キャンプ初の休養日。午前10時、移籍選手に「監督の部屋に集合！」と呼び出された。何かと思って監督の部屋に足を運ぶと、「おい、いっぺえ（一杯）飲もうや」と大沢監督。朝から酒盛りの用意がされていたのだ。

自由な空気はそれだけでなかった。宿舎の麻雀部屋では誰もが遠慮なくビールを飲みながら卓を囲む。ペナントレースに入っても、連敗を喫した夜に監督から「起きている者は集合」と呼ばれると、「さあ、飲んで歌え。大いに騒いで嫌なことは忘れてくれ」と宴が催された。当時の長嶋巨人のキャンプではすき焼きパーティーでもアルコールが禁じられ、集合が掛かった時にはミーティングか夜間練習と相場が決まっていたという。

「普段自由な空気なんだから、ことさら遊びたい、飲みたいと思わない」と富田は言い、こう付け加えた。「遊ぼうと思えば、いくらでも遊べる。だから逆に自分がしっかりしてなきゃと自戒しているんです」。巨人のやり方とのどちらがいいとは一概には言えないが、富田には、自由を与えられた上で自己規制が求められる大沢ファイターズの方が、水が合ったのだろう。1977、78年と2年連続で打率3割をマークしたことが、それを物語っていた。

富田の活躍もあり、日本ハムファイターズとしては3年目で5位と、初めて最下位を脱出した（最下位は太平洋）。高橋直と先発とリリーフでフル回転した野村がチームトップの13勝をマークし、移籍1年目の高橋一も主に先発で10勝3セーブと活躍。野手ではウイリアムスとミッチェルの両助っ人がそろって23本塁打と及第点の成績を残した。

ウイリアムス獲得秘話

１メートル68センチ、84キロ。小型でずんぐりした体型で、首が短い愛きょうのある風ぼうのウイリアムスは「ノーネック」という愛称が付けられた。シーズン初本塁打は5月30日のロッテとのダブルヘッダー第2試合（川崎）。4月25日に来日して2日後に本塁打を放った「第二の助っ人」ミッチェルに後れを取る形になったものの、最終成績は122試合で打率・285、23本塁打、57打点、12盗塁。打点は物足りないとはいえ、おおむね及第点といえる成績を残して元大リーガーの貫禄を示した。このウイリアムスの獲得に、ファイターズの監督就任が幻となった、のちのメジャーの名将ボビー・コックスが関わっていた。

１９７５年12月11日。ヤンキースに派遣されていた小嶋は、ベネズエラの首都カラカスの国際空港に降り立った。同国で行われていたウインターリーグに出場中のウイリアムスとの交渉のためである。当時ヤンキースは同リーグのララ・カージナルスと監督、コーチ、選手などの派遣契約を結んでおり、ウイリアムスはこのチームでプレー。また、当時ヤンキース傘下のコーチだったコックスが監督を務めていた。日本ハム側は、ヤンキースから「ウイリアムス本人が了承するなら、76年のシーズンからファイターズに譲渡してもいい」との言質を得ていたという。

目的地は、カラカスから約４８０キロ南西の距離にあるララ州の地方都市バルキシメト。小嶋はベネズエラの共通語であるスペイン語を話すことができず、同地の空港で待ち合わせるコックスがなかなか現れずに不安に駆られた。しかし、程なくコックスが延長15～16回に及ぶ延長戦を戦い終えたばかりと判明。シャワーを浴びたばかりで普段着のまま訪れた当時34歳の青年指導者と無事に対面を果たし、そのコックスが運転してきた車に乗り込んだ。当初は日本行きを拒んでいたウイリアムスだが、子煩悩な性格を知った小嶋は「ファイターズも子供を非常に大切に扱う球団だ。大勢の少年ファイターズのメンバーが、君のことを期待して待っている」と熱く訴えた。コックスの説得という援護も受け、無事に獲得にこぎ着けた。

メジャー流ファンサービスで動員増狙う

１９７６年、少しずつ変わりつつある姿を見せたチームとは異なり、急速に成果が出たものがある。平均1万３５５４人、合計88万１０００人と、前年リーグ３位から一気にトップへと躍進した観客動員である。

大沢監督のもと、生まれ変わろうとするチームへの期待もあっただろう。日本球界で初の導入となった人工芝を見たいというファンもいただろう。しかし、それだけで片付けることはできない。

ヤンキースの球団経営を学ぶため、１９７５年7月にニューヨークへ赴いた小嶋は、本場のファンサービスの充実ぶりを目の当たりにし、驚きを隠せなかった。

まず衝撃を受けたのは、グラウンドにいる選手とファンとの距離感である。当時の主力は前年の１９７４年にサイ・ヤング賞（最優秀投手賞）を受賞し、現役引退後は野球殿堂入りを果たした右腕キャットフィッシュ・ハンター、76年にルー・ゲーリッグ以来の主将に就任する強打の捕手サーマン・マンソン、歴代最多762本塁打を放ったバリー・ボンズの父で、息子同様に三拍子兼ね備えていた外野手ボビー・ボンズら。そうしたスーパースターたちが試合前の練習の合間などに、グラウンドで自らスタンドのファンに向かって歩み寄り、要望に応えてサインをし、写真撮影に応じていた。当時の日本球界ではほとんど見られない光景。小嶋は「ファンのサポートによって自分たちの仕事が成り立っているということを映し出しており、感銘を受けた。プロ野球は、ファンとの触れ合いが原点で一番大事。それを痛感した」と振り返った。

こうした個々の選手たちの行動に加え、球団としてもファンを取り込むさまざまな企画を展開した。「バットデー」「ヘルメットデー」「キャップデー」など、各種プロモーションデーが年間のスケジュールに多数組み込まれ、企業とタイアップ。「バットデー」なら12歳以下の来場者全員にヤンキースのロゴ入りバットをプレゼントした。ほとんどの場合、子供と一緒に親も来場するから自然と観客動員も増える。プレゼントデー以外にも、思い思いの応援グッズを作ってメッセージを届ける「バナーデー」などの企画、自治体とタイアップした「○○市民デー」など、あらゆる趣向を凝らしてファンを迎える努力がなされていた。

小嶋はこれらのファンサービスの内容やプロモーション活動について球団社長の三原に報告し、取り入れる必要性を訴えた。当時、日本球界ではファイターズに限らず、球団の営業部門の業務はチームの日程編成に重点が置かれていた。「いかにファンを呼ぶか」に関しては「いかにゴールデンウイークや夏休み期間中の書き入れ時に好カードを組むか」に懸かっている部分が多く、つまりはチーム自体の強さに左右される部分が多かった。そこで、1976年から指揮を執った大沢監督には、球団からファンサービス活動の重要性を説明し、プロモーション企画への現場の協力を要請。理解を得て了承された。また、予算面でもファンサービスのための販売促進費を大幅に増額した。その額は75年の約5000万円から、実に6倍増の約3000万円である。

第一ターゲットは子供

ファイターズがファン獲得のための第一のターゲットに定めたのは、子供である。初年度終了後から検討されていた通り、東映時代の「少年フライヤーズ会」から継承されていた「少年ファイターズ会」の特典の拡充に本格的に着手した。1976年は前年と同じ年会費1200円で主催試合への一般席の無料入場、ファイターズ帽子といった特典に加え、スポーツバッグなど新たなプレゼントを増やすとともに、少年ファイターズ会のイベントデーを月1回以上のペースで、シーズン中に計7回開催した。74年の同イベントは2回、75年は3回だっただけに、2~3倍以上である。76年の「少年ファイターズ会」のラインアップを挙げてみる。

・第1回　4月25日　プラカードデー　思い思いの選手を激励するプラカードを持ってグラウンドを行進
・第2回　6月6日　人気アニメキャラクター「UFO戦士ダイアポロン」とコラボ
・第3回　7月4日　母親を無料招待
・第4回　8月10日　毎日毎日プレゼントデー（同一カードで日々プレゼントを贈呈する初日）
・第5回　8月29日　人工芝で400人が宝探し（人工芝のグラウンド上に無数のチップがまかれており、拾った人に、チップに書かれた景品をプレゼント）

・第６回　９月12日　母親招待&人工芝で遊ぶ会。子供１万５０００人と大人３００
　０人がでんぐり返し、キャッチボール、相撲などで楽しむ

・第７回　９月26日　お友達招待デー、宿泊券抽選会

この他にも、オフの12月12日には「第８回少年ファイターズ会」として二子玉川園で懇親イベントを開催。のど自慢大会やサイン会、プレゼント抽選などが行われて盛り上がった。

大人も取り込む——伝説の球場結婚式

子供だけではない。この年の９月７日には大人向けに「シニアファイターズクラブ」が発足。シーズン終了後の11月８日には早速、大沢監督や主力選手も参加して懇親会が開かれた。イベントの他に、会員用の特別受付、都内の指定ステーキハウスが割引になる特別会員証の贈呈などの特典があった。

さらに、後楽園時代のファイターズのファンサービスとして、一大名物となったの

は、球界初の「球場結婚式」である。第1回は3月14日。一般公募され、953組の中から1組が選ばれた。中日とのオープン戦が行われた日に、大沢監督や日本ハムナイン、中日ナイン、ファンが見守る前で、グラウンド上で挙式という斬新な企画。これは1981年まで6回続いた。77年ドラフト2位で入団した古屋英夫は、こう振り返る。

「ファンを開拓するのに一生懸命だったし、僕らも協力させてもらいました。球場で結婚式が終わった後の披露宴に出たりとか。僕も1、2度出た記憶があります」

業務提携先のヤンキースにノウハウを学び、ファイターズ流にアレンジしたファンサービス。本拠地を同じくする読売ジャイアンツという、文字通りの「ガリバー（巨人）」に立ち向かうため、ファンを呼び込むための努力が続けられた。

ドラフトの悲哀

血の入れ替えは、1976年のオフも活発だった。11月17日。広島に新美敏、皆川康夫、鵜飼克雄の3投手、外野手の内田順三を放出し、佐伯和司、宮本幸信の2投手と、内野手の久保俊巳を獲得する４対３のトレードを成立させた。72年ドラフト1位入団で、日拓時代の翌73年に12勝13敗で新人王に輝き、チーム唯一のタイトルホルダーとなった新美は、ファイターズ初年度の74年にも12勝14敗2セーブと活躍したが、75、76年は４勝、２勝と期待通りの成績を残せず。76年はリリーフとしての起用だった。

積極的なトレードと、ヤンキースとのパイプを駆使した外国人獲得でチームを強化する土壌は整いつつあった。少年ファイターズ会の充実に代表される営業部門のテコ入れに着手し、観客動員も増えた。ただ、なかなか簡単にはいかなかったのが、ドラフトである。

当時はプロ志望届という制度がなかったため、どの球団においても指名されながら入団を拒否して高校から大学や社会人、大学から社会人に進むケースや、所属している社会人チームにとどまるケースも少なくなかった。それは巨人をはじめ、セ・リーグ球団でも例外ではない。ただ、やはりパ・リーグ球団は拒否される割合がセよりも高く、ドラフト会議前から指名を敬遠されることも少なからずあった。そうしたドラフトの悲哀が日本ハムにおいて際立っていたのが、１９７６年だった。

1位　**黒田真二投手**（崇徳高）拒否→日本鋼管福山入社
2位　**藤沢公也投手**（日本鉱業佐賀関）拒否→チーム残留
3位　**末次秀樹捕手**（柳川商）拒否→中大進学
4位　**大宮龍男捕手**（駒大）入団
5位　**柿田登外野手**（宇部商）拒否→広島鉄道管理局入社
6位　**下田充利投手**（東岡山工）入団

実にドラフト指名選手の6人中、4人に入団を拒否された。同年のドラフトで「6分の4が拒否」はセ・リーグの大洋ホエールズと全く同じ。しかし、この年の大洋は、のちのリリーフエースとなる斉藤明雄がドラフト1位で入団している。日本ハムは4位の大宮龍男が入団選手の最上位だった。

たった2人のスカウト部

当時のスカウトで、後に編成部門の統括責任者にもなり、2005年まで球団に尽力した三沢今朝治（みさわ・けさはる）が回顧する。三沢は日本ハム初年度の1974年限りで現役を引退し、スカウトに就任していた。

「(73年の）日拓の後期に土橋さんが監督になって、張本さんがヘッドコーチになった時に、張本さんに打撃コーチの補佐で手伝ってくれと言われました。練習のスケジュールを組むとか（サポート役として）、いろいろやっていたら、自分の成績が上がらなくなり、次の年は選手専任だったけど、その影響もあって成績は出せなかった」

1974年のシーズン終了後、三原球団社長に呼ばれ、「今年で選手は終わりだな」と声をかけられ「フロントに残ってやりたいことはあるか」と問われた。東映の「出向社員」として入団していた三沢は、東映の社員になることもできたが、「野球の仕事をしたかった」とスカウトの職を自ら志願した。

1975年当時、スカウトや編成を担う編成部は瓜生勝編成部部長のもと、岩下光一スカウトと三沢の3人体制だった。ところが、同年秋に岩下が二軍監督に就任したため、10月からは2人に減ってしまったのだ。その影響をもろに受けたのが76年のドラフトだった。

「選手を見てはいたけど、（人数不足で）選手個々の調査とか、選手への（指名したいという）あいさつが全然できていなかった」

三沢が担当した2人は4位で駒大後輩の大宮龍男と、6位の下田充利で、2人とも入団。一方、瓜生は岩下の分をカバーすべく1位の黒田真二、2位の藤沢公也、3位の末次秀樹、5位の柿田登を担当したが、全員に拒否される結果となった。中でも悲惨な結末となったのが、事前に指名する旨を伝えることができていなかった1位で1976年センバツ優勝投手の黒田。当時は当日の予備抽選で指名順を決める方式で、相思相愛だった地元の広島より指名順が先の日本ハムが強行指名する形だった。瓜生が「おまえが行ってもダメだから」と担当から外され、三沢と、就任1年目を終えた大沢監督の2人で黒田のもとへ出向いたが、けんもほろろ。故郷の赤いユニフォームに袖を通す夢がかなわなかった18歳のショックは大きかったようで、「俺、大沢なんて監督、知らねえよ！」という言葉まで飛び出す始末で、これを聞いた大沢も頭に血が上り「全然話にならなかった」（三沢）という。翌77年、瓜生から「部長」の肩書が外れた。

ドラフト外で発掘

1965年のドラフト制度導入当初、ドラフト会議で指名できる選手の人数は、その年ごとに制限が設けられていた。76年は1球団につき6選手が上限。指名漏れした選手の獲得や、指名選手の入団拒否なども含め、ドラフト指名で補強し切れなかった部分を補うための受け皿がドラフト外制度で、90年まで続いた。代表例は元巨人、中日の西本聖、元広島の大野豊、元中日、西武の平野謙、元横浜の石井琢朗、元阪急の松永浩美、元西武、ダイエーの秋山幸二らである。

日本ハムは6人中4人に指名を拒否された76年に、球団史上最多の7人をドラフト外選手として獲得。うち4人は一軍出場がないまま現役を引退したものの、のちにチームにとって重要な役割を果たすことになる選手が2人、入団していた。その1人は九産大を中退後、社会人の「あけぼの通商」でプレーしていた外野手・島田誠。もう1

人は、主軸の原辰徳、津末英明、エースの村中秀人らを擁して1974～76年の甲子園を沸かせた東海大相模の控え投手で、高校生活での甲子園での登板機会はわずか1イニングに終わった右腕・岡部憲章（のりあき）である。

レジェンドが臨時コーチ

1977年の春季キャンプ。業務提携先のヤンキースから、臨時投手コーチとして超大物が招かれた。ホワイティー・フォード。通算236勝を挙げた殿堂入りの左腕投手で、67年限りで現役を引退後、74年には野球殿堂入りを果たした「レジェンド」である。64、74、75年にはヤンキースで投手コーチを務めており（64年は選手と兼任）、77年春の時点では48歳で、ヤンキースの投手インストラクターの役職にあった。

常勝球団のヤンキースで16シーズンにわたる現役生活の全てを過ごし（1951、52年は朝鮮戦争への従軍によりプレーせず）、カーブを軸としたメジャー屈指の技巧派投手として知られた。ファイターズの投手陣に重点的に指導したのは「癖」だった。球種ごとに手首の角度やグラブの位置が変わっていたりすると、それを手がかりに見抜かれる要因となる。投球時の癖やマイナスになる習慣、けん制球を投じる際の癖などを改善するよう、個別に指導にあたった。当時の日本球界ではこうした指導が行き届いておらず、あるチーム関係者は「これを機に投手の癖の矯正が注目され出した」と大投手の来日による効果を強調した。

もちろん、この指導が全ての要因とは到底言えないが、投手陣への意識付けやモチベーションアップにも効果があったのだろう。１９７７年のチーム防御率は３・36で、リーグ全体の数字としては２年連続の５位だったものの、前年の３・72から改善された。それだけにとどまらず、「３・36」は前身の東映時代の69年に３・35が記録されて以来最高の数字。大沢監督政権史上でも最高の防御率。東京ドーム元年の88年に３・12（リーグ１位）が記録されるまで、上回られることはなかった。

沸いた後楽園球場（1977年＝5位）

〈76年〉

一（遊）服部敏和
二（左）内田順三
三（一）小田義人
四（中）ウイリアムス
五（指）永淵洋三
六（捕）加藤俊夫
七（右）岡持和彦
八（三）後藤和昭
九（二）中原全敏
投　高橋直樹

〈77年〉

一（三）富田　勝※
二（指）千藤三樹男※
三（左）ウイリアムス
四（中）ミッチェル※
五（右）上垣内誠※
六（一）小田義人
七（捕）加藤俊夫
八（二）中原全敏
九（遊）菅野光夫※
投　高橋直樹

4月2日、1977年シーズンの開幕戦を迎えた。相手は、この年から球団名が「太平洋」から「クラウンライター」へと名前を変えたライオンズ（身売りではなく命名権譲渡を含めた提携）。舞台は敵地・平和台球場だった。スタメンを前年の76年と比較すると、先発投手の高橋直を除けば、打順は全て変わっており、顔ぶれも5人変わっている（※印）。しかし、それよりも注目したいのは、新加入のメンバーが77年のラインアップにいないことだ。ここまで、オフにめまぐるしく「血の入れ替え」を繰り返してきたチーム。オフのトレード補強が投手中心だったこともあるが、ファイターズ4年目を迎え、徐々に戦力整備が進んだことで、チーム内での競争が活性化している、と捉えた方が自然だろう。

前後期制下で初の勝率5割超え

3年連続で開幕投手を担った高橋直は、相手エースの東尾と、2年前のオープニングゲームの再現となる投げ合い。1975年は互いに完投して3対4で延長11回サヨナラ負けを喫したが、今回は9回を2安打1失点完投勝利と雪辱を果たした。開幕戦での完投勝利は、球団では東映時代の63年の土橋以来、14年ぶりの快挙となった。スコアは6対1。打線は一番の富田が2安打、九番の菅野が3安打し、三番のウイリアムスが1号ソロを放つなど10安打をマークした。この上ない滑り出しだった。

ところが、このまま波に乗ることができないのが、68年から9年連続でBクラスが続いているチームの未成熟ぶりを物語っている。翌3日から6連敗を喫してしまう。連敗を止めたのは、やはり高橋直だった。シーズン3度目の先発となったエースは10日の阪急戦（後楽園）で9回を5安打2失点で完投勝利。四番のミッチェルが初回に先制2号3ランを放って援護し、4対2で制した。開幕後の後楽園でのゲームとしては、初めての日曜日開催。スタンドには実に4万8000人の大観衆が詰めかけ、ナインを後押しした。

4月は6連敗が響いて9勝12敗2分けと負け越し。5月にも5連敗を2度喫するなど、26日の時点で5勝13敗2分けと低空飛行が続いていた。ここでも「連敗ストッパー」となったのが高橋直だ。28日の南海戦（八戸）で9回2失点完投勝利をマークし、連敗を5で止めると、6月4日のクラウン戦（平和台）では、またも東尾に投げ勝って2失点完投。翌5日の同戦では高橋直との「一直線コンビ」とうたわれた左腕・

高橋一が3安打完封勝利を挙げ、球団8年ぶりの6連勝（1分けを挟む）をマークした。6月は6日のクラウン戦（平和台）から13日のロッテ戦（後楽園）にかけても6連勝し、13勝4敗。月間成績ではリーグトップで、前期を31勝29敗5分けの勝率・517で終えた。順位こそ4位だったが、73年に前後期制となって以来、チームが勝率5割を超えたのは初めてのことだった。

ファイターズ初の観客動員100万人

後期は7月4日の開幕戦（後楽園）で、6対3で迎えた8回に渋谷通が3号満塁アーチを放って快勝スタート。高橋直は早くも10勝目をマークした。同9日のクラウン戦（後楽園）ではミッチェルが後楽園のバックスクリーンを越える推定飛距離140メートルの19号ソロを放ち、この時点で、本塁打王争いでレロン・リー（ロッテ）に2本差と迫った。個人成績ばかりではない。8月16日の南海戦（大阪）では代打・村井英司が1対0で迎えた8回、球界を代表するリリーバーである江夏豊から満塁本塁打。この試合から3連勝し、2位に浮上した。

０・５ゲーム差で迎えたロッテとの8月26日からの首位攻防3連戦（後楽園）では、1勝2敗に終わって首位浮上は逃したものの、3試合合計で12万6000人を動員。夏休み最後の日曜日でもあった第3戦の28日には、後楽園でのパ・リーグ球団主催試合では新記録の4万9000人が詰めかけ、球団創設以来初の大入り袋が出た。

9月に6勝12敗3分けと大きく負け越したのが響き、後期は最終的に27勝32敗6分け（勝率・458）で、前期と同じ4位でフィニッシュ。通算では58勝61敗11分け（勝率・487）で5位に終わった。それでも、随所でロッテ（後期優勝）、阪急（前期優勝、後期2位でシーズン通算優勝）といった上位球団をおびやかす存在になっていたことは間違いない。エースの高橋直は17勝（最多勝は近鉄・鈴木の20）、ミッチェルは32本塁打（本塁打王はリーの34）と奮闘し、リードオフマンの富田は打率リーグ6位の・307。捕手の加藤俊夫は129試合に出場して打率・270、11本塁打、36打点と安定した活躍を見せ、野村克也（南海）らを退けてベストナインとダイヤモンドグラブ賞に輝いた。「個の力」がチーム力を押し上げていた。

観客動員は100万6000人と、前後期制となってからはパ・リーグ初の観客動員100万人を突破。東映時代の1962、63年以来の快挙だった。試合、プレーそのもので選手たちがファンを盛り上げたのは間違いない。加えて、前年から推し進められた、ファンサービス面のさらなる充実ぶりも要因として無視できない。「少年ファイターズ会」は76年の全8回から2倍近い14回を数えた（オフの開催も含む）。第1回は2月5日で、後楽園球場で選手激励会に加え、キグレ大サーカスの観賞会も実施された。臨時コーチとして来日中だった元ヤンキースの左腕ホワイティー・フォードも特別ゲストとして参加。子供たちの大歓迎を受けた。「少年ファイターズ会」以外でも、プロレスラーのデストロイヤーによる始球式（5月25日近鉄戦）や、プロレーサー・生沢徹がレーシングカーで登場するパフォーマンス（6月12日クラウン戦）など、さまざまな趣向を凝らして後楽園を盛り上げた。

期待の新戦力たち

オフのトレードは「大型」とまではいかないまでも、着実に行われた。12月6日には金銭トレードで阪神に中原勇投手を放出し、同9日には三浦政基投手と、ヤクルトの中村国昭内野手との交換トレードを発表。さらに、同15日には1975、76年に2

桁勝利を挙げた野村収投手を古巣の大洋に放出し、間柴茂有（ましば・しげくに）投手と杉山知隆投手を獲得する1対2のトレードを成立させた。野村は翌78年に大洋で17勝を挙げて最多勝を獲得してカムバック賞も受賞する活躍を遂げるが、このトレードは後年の日本ハムにとっても大きな利をもたらすことになる。

また、この年のドラフト会議で2位指名された古屋（亜大）、同6位の田村藤夫（関東第一高）、ドラフト外入団の五十嵐信一（日大二高）が、後に貴重な戦力へと成長した。

「反骨のファイター」島田の成長

1977年のシーズン中、反骨心の塊のようなルーキーが、ブレークに向けての足がかりをつかんでいた。ドラフト外で入団した島田である。

島田は炭鉱の街・福岡県中間市で生まれ育った。幼少期にトロッコ遊びに興じていた時に、トロッコにひかれて右上腕部を大ケガしてしまう。治るまでに3～4カ月を要し、それ以降は左利きになった。小学校時代は、当時の島田家がまきで風呂をたいていたため、週に1～2度、「ボタ山（石炭を採掘した時に出た石などを捨てたものが、山の形になったもの」を２つも３つも越えて、まきを調達しに行くのが島田の役目だった。約３キロの道のりを、時には野犬に追われながら山を駆けてまきを運び、足腰が鍛えられた。

中学入学と同時に、３歳上の兄・徹也さんの影響を受けて体操部に入った。しかし、２カ月後に部員は２人しか残らず、部は解散。野球部に入ることになった。島田は「もし、あのまま体操部があったら、野球はやっていなかったと思う」と振り返る。

直方学園では左のエース兼主砲として活躍。高校３年時には南海が投手として高く評価していた。しかし、左肘を痛めて南海入りの話は消え、投手としての道も断念した。不運はさらに重なる。授業料免除の特待生として進学した九産大ではわずかに単位が足りず、２年で中退を余儀なくされた。故郷の炭鉱は既に斜陽産業となっており、島田の実家も経済的に苦しかった。

何が何でも野球を続け、プロを目指そうと、島田は名古屋にある「丹羽鉦（にわしょう）電機」に入社した。電柱の碍子（がいし＝電流を絶縁するための器具）を作る会社で、月給は４万円。工場で日々の仕事を終えた後に懸命に練習に励んだ。しかし、当時はオイルショックの影響で全国的に不景気。そのあおりで経営不振に陥り、野球部は島田の入社2年目の1976年に解散となってしまった。選手たちを救うため、野球部監督・池田和隆の父・義定が、75年に福岡県糟屋郡志免（しめ）町に立ち上げた会社「あけぼの通商」に野球部を創設。そこでプレーを続けることが、島田にとって唯一の選択肢だった。住み込みで食事も提供されたとはいえ、月給は5000円だった。

味噌漬け、醤油、漢方薬などを行商しながら、空いた時間や日曜日などに町営球場でバットを振った。そんな努力が実り、「ドラフト外で入団しないかと、プロ5球団から勧誘された」という。ドラフト指名も検討するなど、当初最も熱心だった中日は、藤波行雄外野手のトレード拒否により外野手のための枠が空かず、獲得を断念。そこで「もともと誘ってくれていた4球団に〝獲ってくれませんか〟と電話したら日本ハムの契約金が一番高かったので、お世話になることにしました」と入団が決まった。

当時の日本ハムスカウトの三沢は、島田を高く評価していた。1974年には川原昭二投手をドラフト2位で、自身がスカウト1年目だった75年には福島秀喜投手を1位、中村武義投手を3位で、丹羽鉦電機から獲得したこともあり、頻繁に足を運んでいたため、島田のこともよく知っていたのだ。三沢は「足が速かったし、俺は良い選手だと思っていたけど、指名選手の中に入らなかった。何で（ドラフト指名選手に）挙げてくれなかったのかな、（他球団からも）何で指名されなかったのかなと思ったくらい。獲れてラッキーだった」と回想した。

大沢監督にボールを当てて抜てき

何度も閉ざされそうになりながら、死に物狂いでプロへの道を切り開いた男は根性が据わっていた。1年目の徳島・鳴門春季キャンプ。二軍スタートだった島田は、福田昌久二軍監督に来る日も来る日も球拾いを命じられた。しかも、外野のフィールド上ではなく「〝外野フェンスの向こうで守っていろ〟と。スタンドです」（島田）。打たせてもらえるのは他の二軍選手の昼休み中、という扱いが3週間続いた。もう我慢できなかった。

外野での球拾い中。島田は持ち前の強肩で本塁付近にいる福田に当ててやろうと、ボールを投じた。しかし、そのボールは、たまたま一軍から視察に訪れており、しかも、福田二軍監督にそのタイミングでたまたま近寄った大沢監督の腹に当たってしまった。あわてて駆け寄り、平謝りする島田に対して、大沢から思いも寄らない言葉が掛けられた。

「おまえ、明日の一軍の紅白戦に出ろ」

1月の合同自主トレ初日でバック宙を披露するなど、自慢の運動神経をアピールしていた島田は、良くも悪くも目立つ、異色の存在だった。ちなみに、このバック宙は中学時代に一時的に在籍した体操部で身につけたもの。当時、島田の「一芸」として事あるごとに繰り出されていただけに、何が左右するか分からない。

島田は自身の抜てきについて、「大沢監督は〝ギャンブル好き〟ですから」と当時を懐かしそうに振り返る。翌日の紅白戦で4打数3安打と見事に結果を出し、一軍合流が告げられたものの、直後に高熱が出て3日間寝込んでしまい、二軍に逆戻り。それでも3月に教育リーグで実戦復帰を果たすと、一軍のオープン戦でチャンスを与えられた。一軍昇格の際には、福田二軍監督から他の二軍メンバーに向かって、こう言葉が掛けられた。

「島田が明日から一軍に行く。すぐ（二軍に）戻ってくると思うが、なぜ島田が上がるのかというと、ボールに向かっていく闘争心だ」

自らにボールを投げつけようとするほどの闘争心を、一軍監督の大沢と同様に、福田は高く買っていたのだ。

名伯楽の下で猛特訓

控えではあるものの開幕一軍入りを果たした島田。しかし、一軍の壁は厚く、打撃で苦しんだ。1年目の打率・229という数字が、それを物語っている。7月に二軍に落ちると、福田は「やっと来たか。遅いよ」と言い、こう続けた。

「これから、おまえを徹底的に鍛えるから。守備練習はノック1日300本。打撃練習は1日500球。毎日やるぞ」

福田は南海、巨人で投手、外野手としてプレーした現役時代は実働10年で大成はできなかったが、指導者として花開いた。巨人、日本ハム、ロッテ、南海、中日の5球団で計18年間在籍した事実が、それを物語る。中でも巨人では川上哲治監督に買われて1965～75年の11年間一、二軍で打撃、外野守備、走塁の各部門を歴任し、V9の黄金時代を下支えした。ノックの名人と呼ばれ、本来は右打者だが左でも打つことができた。

島田が回想する。「ノックを打つのも打撃練習の投手も、全部福田さん。イースタンの試合があっても、試合後に毎日やるんです。ノックを受けているうちに足が動かなくなる。悔しくて涙が出てきましたよ」。福田はその名人芸で球際ギリギリに打球を放ち、のちにダイヤモンドグラブ賞（ゴールデン・グラブ賞）を6回受賞することになる守備力を鍛えた。打撃では肩の高さにゴムひもを張り、アッパースイングだったのをレベルスイングに矯正。バットが下から出て、振り上げるようなフォームになってバットがひもに当たると、500球のうちの1回にカウントされなかった。スピードを生かし、アベレージヒッターとしてのプレースタイルを確立するための、徹底した反復練習。真夏の1カ月間、福田と島田のマンツーマンでの鬼気迫る「真剣勝負」が繰り広げられた。

特訓の真っ只中だった7月24日にはジュニアオールスター（現・フレッシュオールスター）で4打数3安打1打点と活躍し殊勲賞と打撃賞を獲得。そして、8月に一軍に再昇格すると、鋭くコンパクトになったスイングで、ボールを引きつけてライナーが打てるようになった。「それからはケガ以外で二軍に落ちませんでした。福田さんは大恩人です」。ドラフト外で入団した荒削りの「原石」が名伯楽によって磨かれ、翌年以降のブレークへの準備が整った。

「恥ずかしい」初のAクラス（１９７８年＝３位）

大沢監督政権３年目。キャンプインを間近に控えた1月27日、チームに朗報が届いた。南海から柏原純一の移籍が発表されたのだ。当時25歳で、１９７６、77年に2桁本塁打をマークしていた伸び盛りの一塁手。紆余曲折を経ての入団だった。

柏原は１９７０年ドラフト８位で熊本・八代東高から南海に入団。76年に１２４試合に出場して初めて規定打席に到達し、打率・２６０、16本塁打、55打点をマークしてレギュラーの座を獲得した。ブレークを支えたのは野村兼任監督だ。「開幕当初は好調だったのですが、５月、６月と打率が落ちてきた」（柏原）。そんな折に、野村からこう言われたという。

「おまえ、このままじゃダメだ。今は野球に打ち込む時だから。俺が住むマンションの近くの、空いている部屋に住めや」

グラウンドを離れると大阪・ミナミのネオン街に足が向いてしまうことがあったホープを、監督自ら鍛え直すことに決めたのだ。練習や試合を終えて球場から戻った後、マンションの駐車場でバットを振った。球場へは野村の愛車に同乗。行きでは相手投手の傾向を叩き込まれ、帰りは実際の打席での反省会と、いわゆる「ＩＤ野球」のマンツーマン教育だ。柏原も意気に感じてスポンジのように吸収し、結果もついてきた。

ところが、９月28日に異変が起きた。南海が突然、「公私混同」を理由に野村監督の解任を発表したのだ。マスコミの取材を避けるべく、野村監督の去就が決まるまでは、同じく野村を慕い、近所に住んでいたチームメートの江夏とともに、外出を避けて生活をともにした。11月に野村のロッテ移籍が決まると、柏原は「まだ野村さんに教えてほしいことがある。野村さんについて行きたい」とロッテ移籍を志願。しかし、江夏の広島移籍が12月末に決まると、柏原の獲得には日本ハムが名乗りを上げ、両球団の間では小田義人内野手と杉田久雄投手との１対２のトレードが１９７８年１月中旬に合意した。

当初は恩師への強い思いから「日本ハムには行きたくない」と現役引退も示唆して

固辞していた柏原だが、南海と日本ハムの間で合意が成立した以上、それを覆してのロッテ移籍がかなわないことも薄々感じていた。何より、野球を続けたかった。「引退だけはしたくないのに、若かったから、振り上げた拳を引っ込めるタイミングを見失っていた」。最後は野村本人と、「公私混同」による野村解任のもう一人の「当事者」であるサッチーこと沙知代夫人から「一緒に来たいと言ってくれるのはうれしいが、プロ野球のルールではどうしようもないから、日本ハムへ行きなさい」と説得され、腹を決めた。

不安を拭い去った一言

2月1日の多摩川キャンプインを控え、同地での合同自主トレは1月22日から既に始まっていた。柏原が合同自主トレに参加できたのは、わずか1日だけ。移籍時のゴタゴタもあり、受け入れられるまでに時間がかかることも覚悟していた。しかし、ジョギング中に駆け寄ってきた同い年の佐伯の言葉で気が楽になった。「純ちゃん、このチームは寄せ集めみたいで、よそからいっぱい来ているから、気にしないでいいよ」。

周りを見れば、南海でチームメートだった富田や、テレビでよく見ていた元巨人の高橋一もおり、「違和感もそんなになく、すぐチームに溶け込めた」という。ファイターズ5年目で、主力に生え抜きが少ないことは、移籍選手にとってはある意味、好都合だったのだ。1年目の1974年に大杉が22本放って以来、20本塁打以上をマークした日本選手がいなかった日本ハムに、待望の若き大砲が加わった。

伸びゆく生え抜き戦士たち

〈77年〉
一（三）富田　勝
二（指）千藤三樹男
三（左）ウイリアムス
四（中）ミッチェル
五（右）上垣内誠
六（一）小田義人

〈78年〉
一（三）富田　勝
二（中）島田　誠※
三（一）柏原純一
四（左）ミッチェル
五（指）永淵洋三
六（捕）加藤俊夫

七（捕）加藤俊夫
八（二）中原全敏
九（遊）菅野光夫
投　高橋直樹

七（右）村井英司※
八（二）中村国昭
九（遊）菅野光夫※
投　佐伯和司

1978年の開幕スタメンを見ると、目に見えた変化があった。二番・島田、七番・村井、九番・菅野と球団名が「日本ハム」になってから入団した選手が3人（※印）、名を連ねたことだ（村井は日拓から買収直後の73年ドラフト）。これまで開幕スタメン入りした「日本ハム生え抜き」は、74年ドラフト1位の菅野だけだった。創設以来、トレードも精力的に行ってきたファイターズの底上げは徐々に進んでいた。

その4月1日の開幕戦は、川崎球場でロッテに7対3で快勝した。広島時代の1974年以来、4年ぶりに開幕投手を務めた佐伯が6安打3失点で完投勝利。富田が腰を痛めて途中交代するアクシデントがあったものの、四番のミッチェル、七番の村井がロッテのエース右腕・村田兆治に本塁打を浴びせて3回途中でKOするなど、5回までに7得点を奪った。プロ2年目で初の開幕スタメンを勝ち取った二番・島田は1安打1盗塁と、持ち味の足もアピールした。「三番・一塁」で出場した柏原は、ロッテの「六番・捕手」として出場した野村と、いきなりの「師弟対決」が実現。愛弟子は5打数3安打1打点と、恩返しの思いをバットで表現した。

ルーキー古屋デビュー

しかし、翌2日のロッテとのダブルヘッダーは引き分けと黒星。8日の阪急戦（後楽園）まで5連敗を喫した。開幕戦で腰を痛めた富田は戦線離脱が続いており、起爆剤になる三塁手として二軍から呼ばれたのが、ドラフト2位ルーキーの古屋だった。

古屋は4月14日の近鉄戦（日生球場）で「八番・三塁」としてスタメンでプロ初出場を果たし、3回の第1打席で右前にプロ初安打を放った。右腕・太田幸司の前に3安打完封負けを喫した一戦で、3本のうちの貴重な1本だった（残り2本は永淵が放った）。翌15日の同戦（藤井寺）で古屋は二番に昇格すると、井本隆からプロ初本塁打をマークした。富田は20日のロッテ戦（後楽園）でDHとして復帰し、守備に復帰した22日の近鉄戦（同）からは二塁を守り、打撃好調の古屋がそのまま三塁手を務めた。

ただ、26日の阪急戦（西京極）で島田が右手首を捻挫し、翌27日の同戦（同）では高橋一が左脇腹を痛めて離脱するなど故障者も目立ち、４月は８勝15敗１分けと苦しいスタートになった。

いったん持ち直したのは５月。２日のクラウン戦（平和台）で、オフに大洋から加入した右腕・杉山が移籍初白星となる２失点完投勝利を挙げた。12日の同戦（後楽園）では高橋直が７安打完封勝利を挙げ、自身の勝ち星を３勝３敗の五分にした。ただ、この時点で高橋直の防御率は１・50の好成績。いかにシーズン序盤の投打がかみ合っていなかったかを示していた。14日のクラウン戦（同）では１メートル73センチの小兵・菅野がプロ４年目での初アーチを東尾から放ち、同戦から今季初の３連勝。27日のロッテ戦（同）では間柴が移籍初白星を、プロ９年目で初となる無四球完封で飾った。30日のクラウン戦（小倉）で４連勝。待望の５割復帰を果たした。

５月の14勝８敗１分けから、６月は７勝８敗３分けと成績を落とし、29勝31敗５分けで前期は借金２ながらも３位でフィニッシュ。ミッチェルが本塁打リーグトップを独走し、前期最終戦となった27日の阪急戦（西宮）では22号満塁弾を屈指の球界速球派右腕・山口高志から放った。

球宴ジャック

1970年代のファイターズを振り返る上で、欠かせないエピソードの一つだろう。7月14日、オールスターのファン投票で日本ハム勢が9ポジション中、8ポジションを占めるという事態が起きた。プロ野球界で、今でも珍事件として語り継がれている「球宴ジャック」である。以下、選出者と得票数、次点を挙げてみる。なお、投手に関しては次点も日本ハムの選手だったため、「次々点」まで記しておく（※が次点、※※が次々点）。

（投）	**高橋　直樹**	（日本ハム）	16万5055票
※	**佐伯　和司**	（日本ハム）	12万6840票
※※	**山田　久志**	（阪　　急）	9万1947票
（捕）	**加藤　俊夫**	（日本ハム）	30万6298票
※	**野村　克也**	（ロッテ）	15万5517票

(一) **柏原　純一** (日本ハム) 37万8851票
※ **加藤　英司** (阪　急) 14万9919票
(二) **富田　勝** (日本ハム) 24万5252票
※ **マルカーノ** (阪　急) 18万5110票
(三) **古屋　英夫** (日本ハム) 25万3514票
※ **島谷　金二** (阪　急) 16万0393票
(遊) **菅野　光夫** (日本ハム) 17万6561票
※ **大橋　穣** (阪　急) 13万4598票
(外) **ミッチェル** (日本ハム) 30万5556票
(外) **福本　豊** (阪　急) 27万4944票
(外) **千藤三樹男** (日本ハム) 19万1369票
※ **土井　正博** (クラウン) 18万4142票

日本ハム勢以外で唯一、選出されたのは阪急の福本豊。その阪急は、この1978年にパ・リーグ4連覇を遂げることになる強豪チームで、次点と投手の次々点を加えると6選手になる。また、この年のベストナインにはボビー・マルカーノ、島谷、福本に加えて捕手の中沢伸二、外野手の簑田浩二の計5人が選ばれ、ダイヤモンドグラブ賞には山田、中沢、マルカーノ、島谷、大橋、福本、簑田に加え、外野手でバーニー・ウイリアムスが選出された。後者に関しては、一塁手の柏原を除く8ポジションを阪急が「ジャック」していたのだ。

なぜ、このようなことが起こったのか。まず、1978年の日本ハムは1試合の平均入場者数が1万6415人で3年連続パ・リーグトップを記録し、れっきとした人気球団だったという事実がある。それに加わったのが、球団が「少年ファイターズ会」の会員に、日本ハム本社がグループ各社の社員らに求めた、後押しの「働きかけ」である。

少年ファイターズ会の後押し

大事に育ててきた「少年ファイターズ会」。球団は、当時約3万5000人とも言われた会員の全員に、1人あたり5枚の官製はがきを送付して日本ハム選手への投票を呼びかけた。中間発表時に日本ハム選手の得票数の「躍進」ぶりが判明した時、球団は次のように説明した。「少年ファンに5枚ずつ（はがきを）送りました。やさしく書き方を教えました。今年は後楽園という、うちの本拠地球場での試合（第3戦）もあるわけですから、日本ハムの選手がたくさん出られるというのは、実にいいことだと思っています」。日本ハム本社ではグループ各社を挙げて、社員やその家族約10000人に協力を依頼した。

球宴のファン投票は、あくまで「球宴で見たい選手」を選ぶもので、記者投票によるベストナインやダイヤモンドグラブ賞のように、一定の評価基準を設けて当該部門のナンバーワンプレーヤーを選ぶものではない。だから、選ばれること自体について正当性云々の議論は本来、できるものではない。しかし、客観的に判断すれば、選出に関して「異議なし」と呼べるのは、移籍1年目で主軸として活躍していた柏原と、前期から本塁打を量産し、最終的に本塁打王を獲得したミッチェルの2人のみだろう。他の6選手も一定程度かそれ以上の活躍を見せていたのは事実だが、さすがに8人は多すぎた。三原球団社長が「1チームに投票が偏りすぎては、オールスターのバランスが崩れる」と判断し、古屋と菅野の辞退を発表した。

当時から40年以上が経過した。少年ファイターズの当時の会員で、実際に投票したファンは、こう振り返った。

「セ・リーグも含めて全員の名前を書かないと無効になるので、一生懸命に書きました。辞退した2人のうち、古屋選手は翌年のオールスターに出たからよかったのですが、菅野選手はあの年のオールスターが一世一代の晴れ舞台だった。確かに、打率（前半戦終了時で・247）だけ取ればオールスターに選ばれるだけの資格はなかったのかもしれません。でも、守備に関しては。間違いなくオールスター級。だからレギュラーを張っていた訳です。なぜ菅野選手は出ないのだろうかと、その時は思っていました」

子供たちに罪はない。おそらく球団としても、ここまで偏る結果になるとは予想していなかっただろう。しかし、それぞれの努力が思わぬ騒動を招いてしまった。

球宴に出場した選手は、どうだったのか。第1戦（広島市民）で先発した高橋直は2回3失点、第3戦（後楽園）で2番手として登板した佐伯は1回⅔を5失点でいずれも敗戦投手となったが、野手陣は21打数8安打（安打は富田4、ミッチェル2、柏原1、千藤1）と気を吐いた。富田は全3試合で安打を記録し、ミッチェルは第1戦に本塁打を放った。

借金８の３位

球宴をにぎわせたファイターズ。しかし、球宴を挟んで８連敗を喫した。後期は７月が６勝15敗２分け、８月は13勝８敗５分け、９月は７勝９敗。最初の１カ月で大きく負け越し、２カ月目は勝ち越し、３カ月目は若干の負け越しというパターンは、前期と全く同じだった。後期は26勝32敗７分けで勝率・４４８の４位で、通算では55勝63敗12分けで勝率・４４６と、借金８ではあったが、３位でフィニッシュ。１位の阪急が勝率・６７８、２位の近鉄が・６０７と、上位２球団が残り４球団を突き放していた。ちなみに４位ロッテは・４６１で、ゲーム差はわずか０・５だった。東映時代の１９６７年以来11年ぶりで、日本ハムとしては創設以来初めてのＡクラスにも、大沢監督は「内容は恥ずかしい限り」と反省を口にした。

来日３年目のミッチェルが36本塁打で初のタイトルを獲得。柏原は打率・２９４、24本塁打、84打点でベストナイン、ダイヤモンドグラブ賞に輝いた。球団の日本選手では1974年の大杉以来4年ぶりの20本塁打超えだった。島田、古屋、菅野といった生え抜きの若手がスタメンに定着し、攻撃陣は上積みできた感があった。一方で、投手陣は先発で佐伯が13勝、リリーフの村上雅則が12勝10セーブと目立ったものの、高橋直が防御率こそ2・88のリーグ5位ながらも9勝にとどまり、高橋一は2勝と、本来の力を発揮できなかった。

誤算も反省も多かったのは間違いない。ただ、徐々にではあるが戦力が整いつつあったのも確かだ。

生え抜きが続々と主力に（1979年＝3位）

日本ハムとして初めてAクラスを確保し、迎えた1979年。開幕スタメンに名を連ねたファイターズの生え抜き選手は、前年の3人から4人(※印)へと、さらに増えた。新たに加わったのは、前年途中から三塁を務めた古屋と、78年ドラフト1位入団の高代延博である。二塁には遊撃から菅野が回り、中堅手は島田。いわゆるセンターラインの4人中3人が入団5年目以内の若手で形成されることになった。

＜78年＞

一（三）富田　勝
二（中）島田　誠※
三（一）柏原純一
四（左）ミッチェル
五（指）永淵洋三
六（捕）加藤俊夫
七（右）村井英司※
八（二）中村国昭
九（遊）菅野光夫※
投　佐伯和司

＜79年＞

一（左）富田　勝
二（中）島田　誠※
三（一）柏原純一
四（右）ユーイング
五（指）ミッチェル
六（三）古屋英夫※
七（捕）加藤俊夫
八（遊）高代延博※
九（二）菅野光夫※
投　高橋直樹

4月7日のロッテとの開幕戦（後楽園）では高橋直が10安打を浴びながら3失点で完投勝利。高橋直は同14日、この年に所沢に移転したライオンズの西武球場のこけら落としの一戦でも完投勝利を飾った。チームとしても4月は10勝6敗2分けの好スタート。5月は13勝10敗3分けと勢いをキープした。高橋直は5勝0敗、防御率1・54だった4月に月間MVPを獲得。5月19日のロッテ戦（川崎）でプロ初の四番を務めた古屋は、同24日の南海戦（後楽園）で4打数2安打をマークし、打率をリーグトップの・394に引き上げた。この時点で高橋直の防御率もリーグ1位の2・07で、投打でファイターズ勢がトップに立ったのだ。

気を吐いたのは2人だけではない。6月5日の西武戦（後楽園）の3回には、島田が森繁和―野村のバッテリーをかいくぐって二盗、三盗、本盗とパ・リーグ史上9人目の「サイクル盗塁」をマーク。堅守が売りの高代は、前期最終戦の南海戦（大阪）で4号ソロを放つなど3安打し、打撃でも随所でアピールした。前期は34勝26敗5分け（勝率・567）。昨季と同じ3位ながら、中身は濃かった。

後期は8月に7連勝をマークしたものの、全体としては29勝34敗2分け（勝率・460）の4位と失速。通算では63勝60勝7分け（勝率・512）の3位で、東映フライヤーズ最終年の1972年以来、7年ぶりの勝率5割超えを果たした。高橋直は最多勝こそ1勝足りず山田（阪急）に譲ったものの、自身初の20勝を挙げて防御率はリーグ3位の2・75。佐伯と杉山は、いずれも防御率4点台ながら11勝をマークした。また、先発と中継ぎで合計135イニングを投げて9勝を挙げた宇田東植（とうしょく）は、リーグ7位の防御率3・466をマークするなど奮闘した。

「ボンバー」古屋のブレーク

野手では移籍2年目の柏原が打率・285、22本塁打、90打点。その柏原とともに、高代もルーキーでは史上初のダイヤモンドグラブ賞を受賞するなど奮闘が光ったが、主軸の一人として成長著しかったのが古屋である。1年目の78年は108試合で打率・218、7本塁打、32打点。オフに球団がファンから愛称を募集し、「ボンバー（爆撃機）」に決まった当時のホープは、「日本ハムはそういう企画が好きでしたから、応募してもらえて、ありがたかったというか、うれしかったですね。〝ハムスター〟とかも候補があったらしいんですけども」と、笑みを浮かべながら懐かしそうに振り返る。そんな後押しも受け、2年目に109試合で打率を・313（リーグ9位）と1割近く上げて、15本塁打、56打点と活躍した。

千葉県富津市で生まれた古屋は、初めて後楽園球場に観戦に訪れた試合を、断片的にではあるが記憶している。ファイターズが誕生する10年前、東京五輪が開催された１９６４年のこと。巨人としてはＶ９がスタートする前年で、王貞治が当時のプロ野球記録である55本塁打を放った年でもある。古屋は当時、小学３年生だった。

「巨人―広島戦を見に行きました。（広島には）興津（立雄）さんとか大和田（明）さんがいた記憶があります。それが一番最初のプロ野球観戦。試合の内容？　お客さんがいっぱいいるなあ、くらいしか記憶はないですね（笑）」

木更津中央高では甲子園出場こそかなわなかったものの、エースとして活躍。同時に、３年時の１９７３年６月には来日したハワイ高校選抜との交流試合で、千葉県選抜の四番を務めた。前を打つ三番は、習志野高の掛布雅之だった。

亜大時代の３年から三塁手に転向し、３年春に東都大学リーグの首位打者を獲得するなど飛躍。「投手でプロというのは難しいなと思った。プロを意識したのは野手に転向してから」。持ち味のパンチ力のある打撃が開花し、１９７７年のドラフト２位指名を勝ち取った。

「そこそこ自信はあった」という打撃と比べて、古屋がプロ入り当初苦しんだのは、やはり経験の浅い内野守備だ。しかも、１９７６年から後楽園に導入されていた当時の人工芝は、近年のようにクッション性の高いものではなく、「コンクリートみたいだった」（古屋）という。そのため打球の勢いが死ぬことはなく、雨が降ると、ゴロが「スリップ」して勢いが増すことすらあった。「本来は（バウンドして）打球が弱くなるけど、当時は打球が強くなってくる。怖かったですよ。しかも、外国人選手は強烈な打球を打ちましたからね」。徐々に慣れたというが、入団当初はレオン・リー（ロッテ）ら、以降もブーマー・ウェルズ（阪急）ら右打ちのパワーヒッターが、古屋を悩ませた。

「3連続エラー」後の気遣い

デビュー当初、守備が不慣れな頃に、大沢監督の気遣いに触れる場面があった。記録はヒットになったものの、エラーと判定されてもおかしくない古屋の打球処理が３回続き、それがきっかけに敗れた試合があった。

「４月か５月か……３つややこしい打球が飛んできて。難しいバウンドもあったけれども、普通のうまい内野手なら全部さばけたくらいの当たり。最初の当たりをヒットにしてしまったから、記録員も全部ヒットにしなくちゃいけない感じになったのでは」

自分のせいで負けた――。古屋は落ち込み、心中で自らを責めつつ、ルーキーの役目として、既に誰もいなくなったベンチに忘れ物がないかを確認すると、ロッカールームへと足を向けた。すると、後楽園球場のベンチからロッカールームへとつながる通路で、大沢が報道陣の取材を受けていた。邪魔にならないよう、遠巻きに通り過ぎようとすると、大沢が番記者たちに語る言葉が漏れ聞こえてきた。

「今日の試合は古屋の〝エラー〟で負けたけど、必ずあいつはやってくれるから。必ず恩返ししてくれるから。明日も使うよ」

古屋は「あれは絶対、僕がいるのに気づいていたと思う。記者さんに言うというよりも、僕に言ってくれたように感じた」と確信している。また、当時から40年以上が過ぎ、その試合も次の試合も詳細は覚えていないというが、「使ってもらって、結果は出したと思います」とも確信している。失敗を重ねながらも、それ以上に結果で応え、1年目から三塁のレギュラーの座を確保したことが、何よりの証拠だった。

「在京セ志望」の社会人ナンバーワン投手

日本ハムとして初の勝率5割超えを果たし、2年連続3位になった1979年のファイターズ。チーム得点数592、失点数569のいずれも、リーグ3位。投打両面に補強の必要性があったものの、大きな課題は次代を担う先発陣の発掘、育成だった。秋のドラフト。球団が1位指名のターゲットに定めたのは、近鉄、阪急、阪神、南海、ヤクルト、西武の6球団が競合した早大のスラッガー、岡田彰布ではなく、社会人ナンバーワン投手との呼び声が高かった日本鋼管の木田勇である。

簡単な決断ではなかった。木田は前年の1978年秋、大洋、広島、阪急に1位指名され、抽選の末に広島が交渉権を獲得。しかし、「在京セ・リーグ志望」との思いを貫いて入団を拒否していた。日本ハムにとっては、76年にドラフト指名の6人中、4人に拒否された苦い記憶もある。それでも、三原は「そんなにいい投手なら指名しろ」と敢然とゴーサインを出した。木田は生まれも育ちも横浜で、最も意中のチームは大洋。「在京セ」を希望する大きな理由の一つが、3人きょうだいの長男として、病気を患う両親の近くでプレーしたいという思いがあったことだった。そのため、「パ・リーグではあるが在京」の日本ハムにも望みがあるのでは、という期待もあった。

クジを引いたのは三原。巨人、大洋の「在京セ」を向こうに回した3球団競合の末、見事に交渉権を引き当てた。歓喜する三原をよそに、当時、4人体制のスカウトの責任者である課長の座にあった三沢は、複雑な思いだった。「獲れなかったら困っちゃうな～」。当時を思い返し、苦笑い交じりにそう振り返る。懸念していた通り、交渉は難航した。

交渉難航の末に

「最初は会社（日本鋼管）に行っても、家に行っても会ってもらえませんでした。合計で10回以上、（家や会社に）行きました」（三沢）

ようやく交渉のテーブルに就いたものの、球団は当時としては破格の契約金6000万円を用意したにもかかわらず、木田はすぐには首を縦に振らなかった。ここで木田が「（6000万円相当の）土地をもらえないか」と異例の提案をしたため、今度は大社オーナーが「何を言っているんだ」と激怒。最終的には木田の姿勢も徐々に軟化してきた。もっとも、木田の方には冷静な思いもあった。

「年齢的にリミットでしたよね。さすがに25歳になっていたので、もうこれ以上は（プロ入りを）待てないなと思いました。親の病気が理由で前年は〝在京球団志望〟が理由になりましたが、日本ハムは東京なので、〝セ・リーグじゃないから〟というのは理由になりません。よく考えれば同じ野球だし、後楽園は社会人時代に都市対抗で育ててもらった球場。2年連続で3球団に指名され、こんなに光栄なことはないなと。そこで腹を決めました」

12月25日、木田は「レストラン富山」で行われた新入団選手発表に臨んだ。入団前の日本ハムのイメージは「印象は薄かった（笑）。悪い印象もなかったですが、あまり強くないチームなのかなと」。しかし、入団決定後に当時のエース・高橋直が食事をともにする機会を設けてくれ、「左の先発は少ないから、おまえが入ってくれれば働き場はあるよ」と太鼓判を押してくれた。高橋直は木田にとって、日本鋼管の先輩。2年連続で1位指名、のべ6球団が手を挙げた末に入団した日本ハムは、不思議な縁で結ばれていたのかもしれない。大沢監督には、おなじみのべらんめえ口調で「おめえよう、引っ張ってくれや」と明るく迎え入れられた。

マーティンが推した「サモアの怪人」

木田が入団会見に臨む10日前の日本時間12月15日。球団史に欠かせない助っ人の入団が決まった。ロイヤルズ、エンゼルスなどでメジャー通算50本塁打をマークした左の長距離砲トニー・ソレイタである。1979年のシーズンは、エクスポズ（現・ナショナルズ）で開幕を迎え、7月末にブルージェイズへトレードで移籍していた。

10月18日。本社業務のため米国に出張中だった大社オーナーと本社の常務取締役・大成契之助は、ニューヨークに立ち寄った。業務提携を結んでいるヤンキースの首脳陣に会うためである。昼間はヤンキースタジアムを訪問してジョージ・スタインブレナー・オーナーらと懇談。夜はマンハッタンにある日本料理店「レストラン日本橋」にヤンキース首脳陣を招待して会食した。

ディナーには、ヤンキース側はビリー・マーティン監督、セドリック・タリス球団副社長兼GM、エリオット・ワーレ・ファームディレクター補佐が出席。日本ハム側は大社の他に、ヤンキースの教育リーグに派遣された選手を引率するため渡米していた、当時取締役管理担当の小嶋、両球団の業務提携をサポートした三菱商事の関係者が同席していた。

和やかな雰囲気で会食が進む中で、大社が声のトーンを上げて切り出した。「誰ぞ、びっくりするような外人選手はおらんのかいなー！」。すかさずマーティンが挙げたのは、米領サモア出身で、18歳でプロ入りした１９６５年から72年まで、ヤンキースとその傘下に在籍していた男の名前だった。「トニー・ソレイタを連れていけ！　あいつは打てる！　もし打てなかったら即、相撲取りにしたらいい‼」。55年にヤンキースの一員として来日して以来、すっかり日本びいきになったマーティンは時には日本語を交え、一同を笑わせた。ただ、ソレイタの推薦は本気だった。

とはいえ、百戦錬磨の大社は、これだけでは満足しない。「もう一人ぐらい、おらんかなー！」と返すと、今度はタリスＧＭが応じる。「ヤンキースで現在メジャーにいる選手では、外野手のロイ・ホワイトが候補だが、３Ａの外野手ならトミー・クルーズだ」。ホワイトは、のちに巨人入りすることになる、ヤンキース一筋15年でメジャー通算１８８１試合出場で通算打率・２７１、１６０本塁打、７５８打点、２３３盗塁と実績十分のベテラン（当時35歳）である。これにマーティンが補足した。「クルーズの方が、体はあまり大きくないが（当時28歳で）若いし長く使える。打撃センスは抜群だ！」。クルーズは通算で7試合出場と、メジャーでは活躍していなかったが、傘下3Aコロンバスでは1979年に109試合で打率・297、9本塁打、66打点の成績を残していた。ソレイタとクルーズは、かねてファイターズが進めていた調査で「獲得候補リスト」に挙げていた選手。交渉に乗り出すことに決めた。クルーズに関してはスムーズに運んだ一方で、思いのほか時間と労力を要したのが、ソレイタ獲得への道のりだった。

日本に招待して交渉

11月1日にソレイタがフリーエージェント（FA）になると、球団はタリスGMを通じて本人に「ファイターズが契約したい意向を持っている」と伝えた。小嶋からも「ぜひ日本でプレーしてほしい」という旨を連絡したという。しかし、その時点でソレイタはまだメジャーでプレーを続けたい気持ちを抱いていたのに加え、家族思いの性格から、自身にとって未知の国である日本に行くことに抵抗を感じていた。

小嶋は一計を案じた。ソレイタに日本の良さを説明するとともに、家族を安心させるために「一度日本へ行って、自分の目で見たらどうか。その上で納得できれば契約の話をしよう」と提案。ソレイタは「そこまで言うなら、行って見てみる」と応じ、12月4日に代理人とともに来日した。後楽園球場をはじめ東京都内を見物し、住まいの候補エリアや、家族の生活圏の環境をチェックすると、徐々に不安が解消されていった。

そこで契約の話を始めることになったのだが、直後に一つ目のトラブルが発生した。ベンと名乗る代理人はアルコール依存症のリハビリを経て、業務に復帰したばかりだった。しかし、来日する飛行機内で1杯のシャンパンを口にしたことがきっかけで、東京に到着した時には症状が再発してしまっていたのだ。とても交渉に臨める状況ではなく、ソレイタはベンとの代理人契約を破棄。代理人抜きで直接交渉を行うことになった。

気まずい空気を変えたのは大社だった。当時、日本ハム本社の子会社が赤坂で経営していたレストランにソレイタ、大沢監督を招いて会食。小嶋と島田利正通訳も同席した。明朗快活で豪放磊落（らいらく）な大社オーナーと、根っから陽気なキャラクターのソレイタはすっかり意気投合。大社が「マーティンにソレイタを薦められた」、ソレイタが「マーティンに日本行きを薦められた」と互いに明かし、終始和やかに盛り上がった。

翌日から2日間にわたり、六本木の球団事務所で契約条件を話し合うことになったが、ここでもう一つの問題が起きた。大沢が交渉の場に顔を出し「契約する前に、打つところを見せてくれ！」と訴えたのである。シーズン終了から2カ月がたったオフの入団交渉の席で、いきなり「テスト」を要望。大リーガーのプライドは打ち砕かれた。

最悪な空気で多摩川での「入団テスト」

ソレイタの表情は一変。強い口調でまくし立てた。「俺はメジャーリーグのプレーヤーだ。信用できないのであれば契約の話はできない！ただちにアメリカに帰る」。最悪の雰囲気を小嶋らが何とかなだめようとしたが、取り付く島もなく交渉は中断。小嶋と島田がソレイタを夕食に誘い、改めて「君はファイターズが必要としている最適任者だ」「大社オーナーがマーティン監督から薦められ、オーナー自身も契約できることを強く望んでいる」と訴えかけた。ただ、ソレイタも改めて、自分の率直な思いを口にした。「チーム内での信頼関係が保てない中ではプレーはできない。ファイターズと契約はしない。自分もメジャーリーガーとしてのプライドもある」。そう語った後、意を決したように続けた。

「10月初めにシーズンは終了している。体調的にもベストからは程遠い状態ではあるけれども、明日、自分の打撃を見せよう。その態勢を取ってくれ」

ただ、ソレイタの表情は曇ったままだった。

12月7日午後2時。多摩川グラウンドに森文夫一軍マネジャー、片岡建スコアラーをはじめ現場付きの球団スタッフが動員され、ソレイタが打撃練習を披露するための舞台が整えられた。何とも言えない気まずい空気と緊張感。ソレイタは、温暖なサモアで生まれ、常夏のハワイで育った。日本の12月、しかも冷たい風が吹き付ける河川敷の寒さはこたえただろう。1メートル83センチ、95キロの巨漢はウオーミングアップを済ませ、三原、大沢らが見守る前で左打席に入った。

小嶋はそこで披露した打撃を「それは、すごいの一言だった」と回想する。多摩川グラウンドの右翼フェンスの約50メートル後方にある排水溝を越える、すさまじい当たりの大飛球を連発した。約30分間にわたって見せつけたのは、誰もが疑いようのない「本物」の大リーガーの実力だった。しかし、圧巻のデモンストレーションを終えたソレイタは、プライドを傷つけられたうっぷんを晴らすと、「ファイターズとは契約しない」と言い残し、翌8日の夕方の飛行機で、自宅のあるサンフランシスコに帰ってしまった。

金門橋ドライブとディナー

ゴタゴタを招いた張本人の大沢監督も、あの打撃を見せつけられた以上、諦める訳にはいかなかった。自らの振る舞いをわびた上で「何が何でも獲ってほしい」と平身低頭で願い出た。帰国した報告を受けた大社オーナーは「何でこうなったんだ！」と怒り心頭。大沢とともに豪打を目の当たりにした三原球団社長も「あれほどの選手は簡単には獲れない。チャンスなのだから再説得を！」と訴え、小嶋は3日後の11日にサンフランシスコへ飛んだ。

到着した当日は、会うことを拒否された。翌12日に訪ねると、ソレイタの夫人が対応。非礼を丁重に謝罪するとともに、「ぜひ日本へ来てほしい」と夫の説得を頼んだ。

こうした誠意が通じたのだろう。13日、小嶋が宿泊するホテルの電話が鳴った。ソレイタからだった。「サンフランシスコからオークランド方面へゴールデンゲート・ブリッジ（金門橋）を渡って、周辺のドライブに行こう」。ソレイタ一家とレストランで夕食をともにする中で、こう言った。

「大社オーナーが好きだ」

契約する、という意思表示だった。

14日にサンフランシスコのドレーク・ホテルで契約交渉を進め、契約書にサインした。三原に報告するとともに、大社にも連絡。電話口の向こうで、「良かったなあ！」と大社の声が弾んでいた。

第3章 悲願の光と影

1980年~82年

「あと半歩」の進撃（1980年）

1978、79年と2年連続の3位。ファイターズの生え抜きも育ち、戦力が着実に固まってきた。80年まで3シーズンの開幕スタメンを比較すると、78年と79年に比べ、79年と80年での変化の少なさ（※印）こそ、大きな「変化」である。一方で、中軸にはヤンキースのマーティン監督や幹部陣が推薦したクルーズ、ソレイタが名を連ねたのに加えて、打撃は健在ながら守備で衰えが見えつつあった加藤に代わり、76年ドラフト4位入団で4年目の捕手・大宮が初の開幕スタメンで起用された。

＜78年＞
一（三）富田　勝
二（中）島田　誠
三（一）柏原純一
四（左）ミッチェル

＜79年＞
一（左）富田　勝※
二（中）島田　誠※
三（一）柏原純一※
四（右）ユーイング

＜80年＞
一（中）島田　誠※
二（左）富田　勝※
三（右）クルーズ
四（一）柏原純一※

五（指）**永淵洋三**
六（補）**加藤俊夫**
七（右）**村井英司**
八（二）**中村国昭**
九（遊）**菅野光夫**
　投　**佐伯和司**

五（指）**ミッチェル**
六（三）**古屋英夫※**
七（捕）**加藤俊夫**
八（遊）**高代延博※**
九（二）**菅野光夫※**
　投　**高橋直樹※**

五（指）**ソレイタ**
六（三）**古屋英夫※**
七（捕）**大宮龍男**
八（遊）**高代延博※**
九（二）**菅野光夫※**
　投　**高橋直樹※**

４月５日の西武との開幕戦（後楽園）には４万９０００人の観衆が詰めかけ、２対１の延長10回サヨナラ勝ち。高橋直が被安打わずか３で10回を完投し、同じく完投した東尾から島田がサヨナラ打を放った。いい形でスタートを切り、翌日にホームで迎えたのが黄金ルーキー・木田のプロ初登板初先発だった。

高まる期待の中、大物の片りん

2年連続で、ドラフト会議で3球団が競合指名したほどの逸材・木田。開幕前から球団を挙げて売り出しにかかった。1月7日の第1回少年ファイターズ会では、後楽園矢野大サーカスの見学とともに、「ルーキー木田勇投手を励ます会」が催された。さらに第2回の少年ファイターズ会は「木田投手デー」として銘打って開催。カラー写真入り色紙のプレゼントや、抽選で10人に木田との記念撮影パネルが贈られた。異例、破格ともいえる「木田一色」の営業活動だったが、ふたを開ければ、木田は存分に期待に応えた。

「自主トレからキャンプと順調にプロの先輩方と汗を流して、オープン戦でも結果を出して、順調に開幕一軍メンバーに残りました。とりあえずはローテーションに入れたことが大きかったですね」（木田）

打たれてもなお、大物ルーキーらしさを印象づけていた。3月26日、出雲で行われた広島とのオープン戦。1978年のドラフト1位指名を拒否していた、因縁の相手である。スタンドからは「契約金をみんなに分けてやれ！」などと、辛辣なヤジが飛び交ったという。それ以前の4度の登板で、計10イニングを無失点に抑えていた木田だが、7回を投げて3本塁打を含む7安打を浴びて4失点。本塁打3本のうち2本は、前年まで2年連続で40本塁打上を放ち、この年には2度目の本塁打王に輝くことになるセ・リーグきってのスラッガー・山本浩二に許した。ただ、ヤジについては「覚悟していたから、それほど気にはなりませんでした」と冷静で、本塁打についても「山本さんはすごいホームランを打ちますね。かえって気持ちが良かったです」と振り返った。そして、次の打席、山本を打ち取ると「やったぞ！」と大きくガッツポーズ。このパフォーマンスについて、開幕直前のOB・尾崎行雄との対談で「あれ、公式戦でもやってみようかなと思ったりもするんです」と語った。のちの木田のトレードマークになるガッツポーズは、強打者にリベンジした瞬間の素直な感情表現が発端だった。

伝説の幕開け

開幕2戦目、4月6日の西武戦（後楽園）。この日、報道陣の先発予想はキャリアから考えて、佐伯か高橋一のどちらかで、木田は翌7日の3戦目とみられていた。既に2戦目を告げられていた木田本人も、平然と隠しながら準備していた。6日にチーム一番乗りで球場入りすると、顔見知りの報道陣に「僕、先発だよ」とケロリと言い放ち、手で「アッカンベー」をしてみせた。

同じ社会人野球（東京ガス）出身で、ルーキーイヤーの1979年に16勝を挙げた松沼博久と投げ合った。中盤までは互いに一歩も譲らない投手戦。試合が動いたのは7回だった。木田は土井正博に甘く入ったシュートを左翼席への先制ソロとされた。しかし、すぐさま打線が援護する。その裏の攻撃で代打・吉岡悟が同点適時打を放つと、富田が勝ち越しの2点打。この逆転劇に背中を押され、木田は9回7安打1失点で完投勝利。初登板での完投勝利は、球団の新人では7年ぶりの快挙で、試合終了の際には両腕を突き上げた。

「ありきたりですが、やった！という感じです。1回はとにかく3人で片付けてベンチに帰りたかった」

初々しさもありながら、「ありきたりですが」と前置きするあたり、25歳のルーキーは、やや自分を俯瞰しているようにも感じられる。実際に、マウンドでも押す投球、かわす投球を使い分け、打者を幻惑した。その証拠に、当時球界を代表するバッター2人が、全く異なる印象を口にした。

「内角をグイグイ突いてくる攻めの投手だ。あの速球は簡単に打てんよ」（土井）

「考えていたイメージとは違った。カーブばかり投げてきたよ」（田淵幸一）

プロ入り前は直球と大小2種類のカーブが軸だったが、プロ入り後に植村義信投手コーチに教わったパームボールが威力を発揮した。4月25日のロッテ戦（後楽園）で相手打線を6安打に抑え、プロ初完封勝利をマーク。この時は、捕手の加藤を「もっとスライダーのサインを出してくれって逆に催促されちゃったよ。参ったなー」と苦笑させた。同30日の南海戦では7安打1失点完投勝利。4月は4勝0敗で、文句なしの月間MVPという最高のスタートを切った。

ソレイタ、柏原の奮起

これだけルーキーが活躍しても、4月は8勝9敗2分けと、1980年のシーズンで唯一の月間負け越し。勝ち星の半分は、木田が挙げたものだった。しかし、大きな期待を受けて入団したもう1人の選手も、その実力の片りんを見せていた。ソレイタである。4月20日の南海戦のダブルヘッダー第2試合（大阪）で、プロ野球タイ記録となる1試合4本塁打をマークした。初回に3号、3回に4号、5回に5号を放ち、6回の死球を挟んで8回に6号という4打数連続アーチ。1試合4発は42年の岩本義行（南海）、64年の王（巨人）に次ぎプロ野球史上3人目、パ・リーグ初（当時）の快挙だった。1試合10打点も史上2位（同）の離れ業。この試合には木田は投げていなかったが、30日の南海戦（後楽園）では2安打をマークして援護していた。

ソレイタは日本の生活に慣れるため、マンションには畳の部屋を設けたという。野球への向き合い方もまじめだった。4月終了時で三番のソレイタは打率・258、8本塁打、20打点。これに対して四番の柏原は打率・200、2本塁打、13打点、五番のクルーズは打率・236、1本塁打、4打点と2人に比べれば奮闘していたが、本調子とは言えない内容だった。4月23日の阪急戦（後楽園）で8号を放ってから10試合ノーアーチが続くと、連日のように素振りや特打に励む姿が見られた。大きな手のひらはマメとひび割れだらけ。「手も痛い。太ももも痛い。でも、一番痛いのは頭だよ」と苦しみ、悩み抜き、努力を重ねた末に不振を克服した。5月6日の近鉄戦（日生）

で11試合50打席ぶりの一発となる9号2ランを放つと、翌7日の同戦（同）では10号3ラン、11号ソロを放ち3安打4打点の活躍。10号リーグ一番乗りを果たした。

5月半ばに入ると、移籍3年目を迎えたこの年から主将に就任していた柏原がようやく調子を上げてきた。13日の西武戦（後楽園）では宇田の4安打完封による2勝目をアシストする決勝3ラン。試合を通じて、チームの安打がこの本塁打のみで、1安打による勝利はパ・リーグ史上4回目（当時）の珍記録だった。プロ通算100号本塁打まであと2本で迎えた19日の阪急戦（西宮）では、6、7、8号と1試合3発、5安打8打点と大暴れして豪快に節目の数字をクリア。混戦の中、一時的にではあるがチームを単独首位に押し上げた。5月は15勝12敗と3つの勝ち越し。24日の近鉄戦（後楽園）では、4年目の岡部が9回を5安打2失点完投で、うれしいプロ初勝利をマークした。先発全員安打による12安打7得点と、打線の分厚い後押しがあった。

打ってやろう、守ってやろう

木田は順調に白星を重ねた。6月3日の南海戦（後楽園）では1対0で5安打完封勝利を挙げ、8勝目（2敗）に到達。チーム唯一の得点はソレイタの16号ソロによるものだった。木田は「援護は1点だったけど、相手をゼロにさえ抑えておけば負けることはないんです」と殊勝に語り、大沢監督は「木田とソレイタがおらんかったら一体、うちはどうなっとるんや」とルーキーと助っ人の奮闘をねぎらった。そんな「孝行息子」は同17日の南海戦（後楽園）では1対2の6回から先発の間柴をリリーフ。4回を無失点に抑え、8回に味方が逆転したため9勝目が転がり込んだ。前期の終盤、スクランブル起用にも「これからはこういう使い方をされるでしょうが、防御率とか何勝だとか考えずに、チームのためにただ投げ抜くだけですよ」と言い切った。

同25日には敵地・大阪球場で同じ南海相手に先発して8回⅓を5失点で4敗目。中4日で、前期最終戦の同30日の阪急戦（後楽園）に先発・岡部の後を受けて2番手で3回の1イニングを三者三振に抑えた。この試合は、4回以降も1イニングずつ投げ、8投手による7対0の完封勝利。8人の中で最も投球内容が良かったことで勝利投手となり、思わぬ形で節目の10勝目が記録された。前期のみで、1年目の目標に挙げていた10勝をクリアしたのだ。新人による前期2桁勝利は初めての快挙だった。

「もちろん、一試合一試合マウンドに上がるたびに自信にはなりましたよ。公式戦初登板で完投勝利を挙げてからは投げるのが楽しかったし、いけるところまでいこう、どこまでいけるのだろう、という気持ちでしたね」

そう当時を振り返る木田は、チームメートにどう見られていたのか。外国人を除き、レギュラーの野手で唯一の30代だった富田は言う。「性格といい、何もかもがいい。俺がちょっといいプレーをすれば〝ありがとうございます〟と頭を下げる。気持ちのいいやつなんだ。それで、知らない間に〝あいつの時は打ってやろう、守ってやろう〟と思っちゃうんだよ。投げる時は勝たせてやろう、と思っちゃうんだよ」。女房役の大宮も「ガッツがある。一球一球を、声を出して投げ込んでくる。ホームランを打たれてもガックリこない。逆にコノヤローと向かってくる性格。ピッチャーをやるために生まれてきた男ですよ」と証言した。気持ちを前面に出して投げる上に、リズムとテンポもいい。グラウンド上で互いを乗せる好循環があった。

マウンドを離れても、持ち前の明るさ、屈託のなさでナインに好かれた。広島への入団拒否に加え、日本ハムとの入団交渉時には土地を要求したと報じられたことで物議を醸したものの、すんなり溶け込んだ。「最初はどんな人がいるのか分からないし、不安だったんです。でも、みんないい人ばかりで、（日本ハムに）入団してよかった」。

大宮、高代、島田は同い年で、柏原と菅野は1歳上、古屋は1歳下と、年の近い主力選手も多かった。1年目のシーズン前のある日、木田が間柴に「やっぱり疲れますね。肉体的にはへっちゃらだけど精神的に疲れる」とこぼすと、間柴に「おまえは、疲れるほど気を使っているものか」と突っ込まれるほどだった。

そんなキャラクターについて当時、監督の大沢は、自身の立大時代の後輩を重ねていた。

「何がいいって、あの強気がいいぜ。打たれてもしおれることがない。ツキもあるしな。持って生まれた星というのか。やることが憎めねえんだ。オッチョコチョイなところもあるが、立大に入った時の長嶋とよく似ているよ。甲高い声なんか聞いていると、時たま長嶋がいるのか？と思うからな」

報道陣へのリップサービスも多分にあったかもしれないが、天真爛漫なルーキーは、このシーズンを通じて、ファイターズのチームやファンが国民的スーパースターと重ねたくなるほどの、まばゆい輝きを放っていた。

スーパースターたちとの競演

ファイターズは、前期は33勝28敗４分け（勝率・５４１）の２位でフィニッシュ。優勝はロッテだった。後期は７月４日に開幕。10試合を戦って４勝４敗２分の五分で終え、オールスター休みに入った。オールスター（同19、20、22日）には、ファン投票で木田、島田、高代が、監督推薦で高橋直、間柴、加藤が選ばれた。

木田は球宴出場を前に、週刊ベースボール（７月28日号）誌上で同じドラフト１位ルーキーの阪神・岡田彰布と対談。３学年下の内野手・岡田と、終始和やかな雰囲気でトークを繰り広げた。ファン投票選出については「やっぱりうれしいね。本当は思ってもみなかったけど。（投票状況を伝える）新聞を毎日見ても信じられなかった。いつかは抜かれるだろうと思って。このままいければなと思っていたけどね」と初々しい心境を口にした。球宴での楽しみについては「江夏さんに会っていろいろ話してみたいな。野球のことだけじゃなくて、どんな感じなのか、肌身で知りたいね。グラウンドを離れた時、どういう生活をしているかとか、そういうのが知りたい。もちろん野球のことを知りたいのはやまやまだけど」と胸を躍らせていた。

アマチュア時代から知り合いだった関係性もあってか、話題は多岐に及んでいる。社会人時代と比べて成長した部分や課題についても、冷静に自己分析していた。岡田に「ボールがだいぶ速くなったんじゃないですか」と問われると「それよりコントロールが良くなったね、すごく。自分でもびっくりするくらい。いいコースにいって低めに決まるようになった」と手応えを語った。また、高めのストレートで空振りを奪っていることについて「速く見えちゃうみたいね。それまで変化球、変化球でいくだろう。で、追い込んで2―1（1ボール2ストライク）くらいで目の高さくらいに投げると、みんな振ってくるね」と制球と緩急で直球をウイニングショットにしていることを明かした。

残りのシーズンに向けての話題にも及び、岡田から「木田さんは後期あと何勝ですか？」と目標を問われると「10勝はちょっと難しいかな。やっぱり違うからね、相手チーム。目の色を変えてくるから。ものすごく研究しているよ。だから本当、迫力が全然違うんだよ、入った時と」とルーキー攻略に他球団が躍起になっている状況を明かす場面も。その上で、快進撃を続けるサウスポーは「まあオールスターで活躍して、弾みをつけるというか、セ・リーグの大打者を相手にピタッと抑えて、気分よくして自分のチームに戻ってやる。それもいいことだと思うけどね」と語り、互いの健闘を誓い合って対談は締めくくられた。

迎えたオールスター。木田の最初の出番は、西宮で行われた19日の第1戦だった。1点ビハインドで迎えた9回二死無走者。打席にいるのは、木田が「セ・リーグの大打者」と話していた中でも一番の大物である巨人・王だった。結果は見逃し三振。「小学生の頃からあこがれの王さんとの勝負ですからね。ちびっちゃって、あがっちゃって、ストライクが入りませんでした。やはり怖かったです」と興奮を隠さず。王からは「やはり社会人出だね。投球技術が身についているよ。大したものだ」と称賛された。

木田は本拠の後楽園で行われた22日の第3戦には先発で登板。ここでも3回39球を投げ、1安打2四球を許しながらも2三振を奪い、無失点に抑えた。2度目の対戦となった王には四球を与えたが、「一番・三塁」で出場した岡田は遊飛と遊ゴロに封じ、オープン戦で痛打された広島・山本は遊直と三ゴロに仕留めた。自身が岡田との対談で口にしたように、後期のさらなる進撃に向けて弾みがつく内容だった。

ちなみに、王はこのシーズンが現役最終年となり、木田にとってはこの球宴が最後の対戦となった。

続く白星&奪三振街道

オールスター後も、木田の投球は相手打線の対策を上回った。8月3日の近鉄戦（平和台）では右腕・柳田豊との投げ合いを制し、7安打1失点完投で2対1の勝利。13勝目を挙げ、毎回奪った三振は14を数えた。試合後、毎回三振について振られると「ええ、知っていました。三振を取るたびに1つずつマウンドで指折り数えながら投げていましたから」とニッコリ。これでパ・リーグ全5球団から白星をマークし「今、近鉄が（好調で）走っているし、ここに自分の力が通じるようになったのはうれしいですね。これ以上走らせないためにも」と実感を込めた。

さらに木田の奪三振ショーは続く。同8日の西武戦（後楽園）では9回3失点完投で14勝目。2対3で迎えた9回に味方が2点奪って逆転サヨナラ勝ちした。木田は四番・田淵からの3個を含む12奪三振をマークし、プロ野球史上初の2試合連続毎回奪三振（当時）を記録。サヨナラ打を放った島田は「勇があれだけ投げているんだもの。

何とかしなくっちゃ」と声のトーンを上げた。連続イニング奪三振は同17日の近鉄戦のダブルヘッダー第2試合（札幌円山）の2回まで続き、23回連続は江夏と並ぶプロ野球記録に。またも1失点完投で挙げた15勝目に花を添えた。「記録は皆さんからあおり立てられていたから、もちろん意識していました。でも、これが僕の引退試合ではあるまいし、これからまだまだ狙うチャンスはありますよ」と木田。また、自身の記録に並ばれた江夏は「俺と並んだか。三振は、ただ球が速いから取れるというものではない。投手としてのあらゆる要素があって初めて取れるもので、そういう意味で、木田は大したピッチャーやと思うな」とその実力を認めるコメントを寄せた。

涙の20勝目

ルーキーの活躍に引っ張られ、チームは8月に13勝7敗5分けの好成績。ただ、9月に入ると、木田にもさすがにフル回転による疲労が見え始める。2日の近鉄戦（日生）では、16三振を奪ってプロ野球史上初（当時）のシーズン3度目の毎回奪三振を達成。完投で18勝目を挙げたが、6対5の辛勝だった。「疲れました。本当に疲れました」とこぼし、記録については「そんなこと頭になかったです」と以前までの余裕はなくなっていた。1点差に迫られた9回二死一、三塁のピンチでは、大沢監督から「ヘソの下に力を入れて投げろ！」とハッパをかけられて踏ん張った。この奮闘により、チームは後期に入って初めて首位に浮上した。

ソレイタは4日の近鉄戦（日生）の最終打席から5日の西武戦（西武）にかけて32〜35号本塁打と4打席連発。柏原も5日に29号アーチを放つなど、中軸も奮起した。一方で、木田は7日の西武戦（西武）は2回5失点でKOされて5敗目を喫し、中1日でリリーフ登板した9日のロッテ戦（宮城県営）はサヨナラ押し出しを許して敗戦投手になり6敗目。自身初の2連敗となった。

14日の南海戦（大阪）は7回4失点で19勝目、19日の阪急戦（後楽園）は9回4失点で7敗目を記録。優勝争いの佳境だけに、大沢も「200イニング以上投げて、木田は疲れた感じだな。この先が心配だよ」と悩ましげに話した。

9月19日終了時で既に33試合、224回⅔を投げている木田。もちろん、この時代の主力投手としては決して珍しくはないものの、疲労が蓄積しているのは誰の目にも明らかだった。それでも、木田の気力は衰えていない。そんなサウスポーに、勝利の女神がほほ笑んだのは、25日の南海戦（後楽園）だった。11回まで一人で投げ抜き、11安打を浴びながら16三振を奪う。11回に1点勝ち越されたが、その裏に途中出場の岡持和彦が劇的な逆転サヨナラ2ラン。木田に20個目の白星がついた。新人投手の20勝は1965年の池永正明（西鉄）以来、15年ぶりの快挙。ナインとともに、ホームインする岡持をベンチから出迎えに走った木田の目には、光るものが浮かんでいた。木田の両親とともに球場で観戦した大社オーナーは「ほんまに大したものや。特別ボーナス？ うん、考えてやらんといかんな」と目を細め、岡持は「僕にとっても一生忘れられない試合になるでしょう。打てて良かった」と感慨深げ。木田は「おふくろには絶対勝つから、と言って出てきたけど、今日の岡持さんはじめ、みなさんのおかげです」と感謝しきりだった。

運命を分けた「10・7」

9月28日の南海戦（大阪）でソレイタが43号アーチを放ち、柏原（32本塁打）、クルーズ（25本塁打）との「100発トリオ」が完成。30日のロッテ戦（川崎）では6回途中からリリーフした木田が逆転を呼び込み、21勝目を挙げた。チームは25、28、30日と飛び飛びの日程で3連勝をマーク。さらに1日空いて迎えた10月2日の西武戦（後楽園）でも5回途中から5回を1安打無失点、5奪三振と好投し、22勝目を手にした。「今日はとにかく気合が入りました。もう、残り全部もらいますよ」と木田。その後の2試合で1勝1敗として、5日終了時でマジック1が点灯し、チームのシーズン最終戦となる7日の近鉄戦（後楽園）を迎えた。首位の日本ハムは33勝24敗7分け。一方、相手の近鉄は32勝26敗4分けで、残り3試合に全勝すれば日本ハムを上回ることができた。

勝てば文句なしの後期優勝。ファイターズとしては初の栄冠となる。「10・7」の舞台、後楽園には満員札止めの観客5万人が詰めかけた。球場の周辺では、入場できなかった大勢のファンが「入れさせろ」などと球場係員に詰め寄るほどの加熱ぶりだったという。相手の先発はエース左腕の鈴木。木田は1対0の3回無死二塁から、高橋一に代わる2番手でリリーフのマウンドに上がった。泣いても笑っても、最後の試合。チームは、ここまで22勝7敗4セーブ、防御率2・20と、圧倒的な成績を残していたルーキーと心中する覚悟だった。しかし、疲労が蓄積していた木田は本調子から程遠く、勢いで抑えられる状態でもなかった。5回⅔を投げ、クリス・アーノルド、有田修三に本塁打を浴びるなど6安打5失点（自責4）。マウンドには、代名詞の派手なガッツポーズを見せる木田ではなく、痛打されてがっくりとへたり込む木田がいた。5対6で敗れ、大事な試合で今季8敗目が刻まれてチームの自力優勝も消えた。木田大沢監督は「優勝はしたかったが、とにかく悔いの残らない、良い試合だった。木田をはじめ選手もよくやってくれた。あとは神のみぞ知る、だ」と、つとめて冷静に振り返り、木田らをねぎらった。レギュラーシーズンを終えた日本ハムは、主催試合の観客動員の合計が151万8000人と、球団史上初めて150万人を突破した。

10月7日終了時点で日本ハムは2位の近鉄に0・5ゲーム差の首位。この時点ではまだ優勝の望みは残っていたが、近鉄が8日に敵地・西武球場で、11日には本拠地・藤井寺で西武にいずれも勝利し、西武、ロッテも絡んだ大混戦を制して逆転優勝を遂げた。日本ハムはわずか1勝足りず、0・5ゲーム差でV逸。神奈川県川崎市中原区の合宿所「勇翔寮」で11日の試合をテレビ観戦していた木田は「精いっぱいやりました。悔いはありません」とコメントした。投手部門3冠、パ・リーグMVP、新人王、ベストナインと各賞を総なめするルーキーの活躍があっても、優勝にはあと「半歩」

届かなかった。

近鉄は後期優勝の勢いそのまま、ロッテとのプレーオフを制した。2年連続の日本シリーズ進出。しかし、1979年も80年も近鉄を倒し、日本一の座をつかんだのは広島だった。

日本一決定8日後のトレード発表

日本シリーズが終了した11月2日から、わずか8日後の同10日。日本球界を衝撃のニュースが駆けめぐった。日本ハムのエース・高橋直と広島のクローザー・江夏との交換トレードが両球団から発表されたのだ。

江夏は2年連続の日本シリーズ胴上げ投手。しかし、日本シリーズ後、シーズン中に自身が口にしたとされる言葉「広島での仕事は、もう終わった」が、大きな波紋を呼んでいた。広島への「決別宣言」とも解釈できる物言いである。江夏は、この発言を否定するものの、チームの和を乱すとして古葉竹識監督の怒りを買い、これがトレードの引き金の一つとなった。

江夏放出の広島の方針を受け、多くの球団が獲得に名乗りを上げた。西武、ヤクルト、大洋、そして日本ハムである。交換要員に西武は同じ左投げの永射保を、ヤクルトは井原慎一朗と西井哲夫の両投手を挙げたが、広島の希望とは到底見合うものではなかった。

「あと1勝」で悲願の優勝を逃していた日本ハム。木田を先発にリリーフにフル回転させても届かなかった頂点を目指すために、クローザーの必要性を痛感していた。球界を代表する抑えである江夏は、どうしても欲しい「最後のピース」。広島がトレード要員とした、このチャンスを逃すわけにはいかなかった。

ただ、日本ハムにとって、交換要員に高橋直を指名されたのは想定外だった。東映時代からチームを支えてきたエース右腕。1980年は前年の20勝から成績を落としたとはいえ、自身7度目の2桁勝利となる10勝を挙げていた。9月25日に木田が20勝をマークした日にベンチ入りメンバーから外れた際に、「トレードで出てもいい」という趣旨の発言をして物議を醸したものの、球団に罰金10万円を払うとともに、10月18日の深夜に大沢監督の自宅に招かれて和解。その後には大社オーナーの東京・赤坂の自宅で3人は、夜が明けるまで和やかに話し込んだ。その際に、「絶対にトレードに出さない」とのやり取りも交わしたという。11月5日には、翌81年のカレンダー撮影も済ませた。しかし、広島サイドは「江夏を出すなら高橋直を」と頑なに主張し、譲らなかった。日本ハムにとっても、苦渋の決断。そして、誰よりもショックを受け、動揺したのが、高橋直本人だった。

遅咲きのエース

高橋直は、津久見高―早大―日本鋼管を経て、日本ハムの前身である東映に入団。しかし、ドラフト3位指名を受けた1967年11月当時は、早大の4年生だった。東京六大学リーグでは、12試合に登板して2勝2敗と目立った成績は残せなかった。そのため、社会人で1シーズン投げて自分の力を試す道を選んだ。「社会人のレベルで通用すればプロでも通用する。そう思っていたので、社会人で1シーズン投げて自信をつかんでから、(68年の)9月に契約したんです」。当時はこうしたケースも少なく、高橋直の場合は最終期限である68年10月10日までに契約すればよかった。

自身にとって、「1年遅れ」には全く抵抗がなかった。幼少期にも体験していたからだ。

「もともと僕は同じ学年の子よりも1年遅く小学校に入っているんですよ。誕生日が2月（15日）なので、ハンデにならないようにと親が考えまして。早稲田（大学）でも本来なら八木沢（荘六＝元ロッテ）さんと同学年ですが、八木沢さんが卒業してから僕の出番が増えた。もし同じ学年だったら僕に出番はなかったし、プロのユニフォームを着ることもなかったでしょう」

実質1年目となる翌１９６９年のオープン戦で、「シュートが通用する」と手応えを得る。大きくゆったりとしたフォームから右打者の内角にシュートを投げ込み、「アウトコースのコントロールには自信があった」という直球とのコンビネーションが、プロでも威力を発揮。この年、２２３イニングを投げて13勝13敗、防御率2・42をマークした。いきなりのフル回転がたたり、70年は「体が拒絶反応を起こした」と肩を痛めて7勝止まり。71、72年も肩痛の影響や足のケガもあって7勝、4勝にとどまった。日拓ホームフライヤーズとして唯一のシーズンだった１９７３年、6月16日の近鉄戦（後楽園）でノーヒットノーランを達成する。この試合は、高橋直にとっては記録的な価値よりも「〝普通にやっていけばプロでやれる〟自信を自分に与えてくれた。その意味で大きかった」と位置付ける。実際、この年から80年までの8シーズンで2

桁勝利が6度。74年と78年はいずれも9勝と一歩及ばなかったが、それぞれ3セーブ、2セーブを挙げるなどリリーフでも奮闘した。200イニング超えの投球回も、77年の278回2/3を筆頭に、8シーズンのうち5度を数えた。

アンダースローと口ひげ

ゆったりとしたモーションでテークバックし、右手をトップの位置で高々と掲げてから左足を大きく踏み出してリリースする独特のアンダースロー。その原点は津久見高時代にある。下級生の時にはオーバースローで投げており、球速にも自信があった。ところが、2年秋、当時の小嶋仁八郎監督から助言を受ける。「今の投げ方でもいいが、他のピッチャーと変わり映えがしない。おまえにはエースになってもらわないと困る。腕を下げて内角へ食い込むような球を投げてごらん」。最初は渋々応じたものの、サイドハンドからの投球で好結果が出た。3年夏にはエースとして甲子園出場を果たした。1回戦で中京商・三輪田勝利と投げ合った末に敗れたが、三輪田は早大進学後にチームメートになる。

1メートル85センチでリーチの長い高橋直が、サイドスローにしてステップ幅が広くなると、球が伸びるようになった。さらに腰を沈めてアンダースローにすると、より威力が増した。自らこう解説する。

「ボールがグワッと浮き上がってバッターの胸元にインシュートで食い込むんですよ。俗に言うダスターボール（ダスターとは打者のユニフォームのほこりを落とす、の意味）。バッターは怖がって腰が引けていました。そこで、緩いカーブを投げる。みんな引っかけてくれてボテボテのゴロになるんです。決め球として、のちに覚えたのはシンカー。高めのボールがストーンと低めに落ちるようになった。インコースの球は、バッターがヘッドで捉えづらい。アウトコースは腕を伸ばさないといかんし、インコースは腕を縮めないといけない。どちらにしても、ゴロでアウトを取るケースが圧倒的に多かったですね」

直球については「135キロ出るかどうか」といい、ステップを広げるのは打者を幻惑するためにも重要だった。「ゆったりとしたモーションから、リリースの瞬間だけピュッと指先に力を入れる。バッターからすると、それまではボールを目で追えていたのが、一瞬でミットに届く感覚になった。速さではなくボールの切れですよね」

と説明。34歳シーズンの1979年には自身のキャリアで最多の20勝を挙げるなど、鈴木（近鉄）、山田（阪急）、東尾（太平洋―クラウン―西武）、村田（ロッテ）の「パ・リーグ四天王」に負けじと奮闘した。

メガネと並ぶトレードマークになる口ひげをたくわえ始めたのも、この79年からだ。

「怖さがないっていうのかな。おっと思わせることをやってみようと。何か目立つことはないかなと考えた時に、ひげを生やそうと思いました」。春季キャンプから始めると、ファンや周囲の反応も上々だった。監督の大沢の第一声は「あ、しゃれたひげを生やしやがって」。茶化したものの、やめさせようとはせず、黙認した。これで高橋直は、さらに責任感が芽生えたという。

「何も言われないからこそ、逆にプレッシャーになりました。ひげを生やしてだめなら、〝何、色気づいているんだ〟と言われてしまうのがオチ。必死で野球に打ち込みました。みんなが注目してくれるということが、僕にとってはエネルギーになったんです」

アンダースロー、そしてメガネとひげをトレードマークに、押しも押されもせぬファイターズの「顔」となっていた高橋直。それだけに、トレードの衝撃は大きかった。

２カ月以上を経て決着

１９８０年11月11日、午前９時。高橋直は横浜市日吉の自宅で、球団からトレード通告の電話を受けた時、「裏切られた⁉」と感じた。デビューから12年目の生え抜き。エースとして長年活躍した自負もある。くしくも２カ月ほど前に「トレード発言」をめぐってゴタゴタが起きたとはいえ、その件は解決していたはずだった。また、大社オーナーは、高橋直と圭子夫人の夫婦の仲人も務めており、「まさか自分が」という思いが強かった。

「球団同士の話は一致したかもしれないけど、僕は納得がいかなかった。たまたま80年は勝てませんでしたが、翌年は勝つ自信があったし、チームへの愛着もあった。〝トレードになるくらいならやめる〟。本当に、それくらいの気持ちでした」

通告された翌日、高橋直は大阪の大社オーナーのもとへ向かい、真意をただした。納得できない、自分がエースだと日本ハムは優勝できないということか――。大社は多忙な合間を縫って、２時間にわたって高橋直の訴えに耳を傾けた。しかし、それは仲人という「私人」の立場のもので、オーナーという「公人」としては、戦力補強など球団経営の細部には口を出さないポリシーは、変わらない。「監督、フロントが戦力上、やむを得ぬこととしてやった。プロ野球選手である以上、納得してくれ」と諭した。いわゆる「功労金」をめぐっての球団と高橋直の話し合いも長引いたが、年が明けた1月中旬にようやく決着。同14日に高橋直が広島の球団事務所を訪れて、重松良典球団代表に「お世話になります」とあいさつ。両球団によるトレード発表から、2カ月以上を経てようやく収束した。もう一方の主役、江夏はというと、どっしりしたもの。「移籍（決定）が延びたんで、あいさつ回りがじっくりできたわ。あとは俺が広島と話し合って日本ハムが移籍を（正式に）了承するだけ。9分9厘は日本ハムの一員になったつもりやから、解決は時間の問題」。江夏の日本ハム入団発表は同19日に行われた。また、この大型トレードばかりが注目されたが、この年のオフには同じ広島との間で高橋里志を獲得し、佐伯和司を放出する投手同士のトレードを成立させた。また、富田勝と投手の大島秀晃との交換で、中日から勝負強い打撃と闘志あふれるプレーが売りの外野手・井上弘昭を獲得した。

栄光への道筋（1981年キャンプ〜前期4位）

江夏獲得の際には、大沢監督自ら松田耕平オーナーの自宅に出向いてトレードの交渉に臨んだ。ある球団関係者は「大社オーナーの家から、〝これ、いいですか？〟と、高いお酒をいっぱい持って行っていましたよ」と懐かしそうに振り返る。江夏は当時32歳。大ベテランと表現するまでの年齢ではなかったが、その存在感と風格は圧倒的だった。

2月1日の沖縄・名護キャンプ初日は午前8時起床だったが、「俺、メカに弱くてな。目覚まし時計が鳴らんかった」と寝過ごしてしまう。幸い、雨のため練習時間が午後1時スタートに変更されたため、この朝寝坊が目立つことはなかった。「これまでやってきた体験で、のんびりやらせてもらうわ」「要は、自分が日本ハムに何をしにやってきたか、だ。グラウンドでベストを尽くすだけ。人は人、俺は俺や」とマイペースな調整を貫いた。そんな左腕を、大沢監督も「プロ選手は、グラウンドでいかに良い仕事をするか、だ。問題児であろうが、たとえ警察の厄介になったやつだって戦力として働いてくれれば、細かいことはガタガタ言わん」と信頼を寄せた。ただ、大沢は、チームを勝利に導く投球に加えて、もう一つ重要な使命を託した。技術、理論、知識、経験。それらの全てをチームに還元して伸び盛りの選手たち、あるいは伸び悩んでいる選手たちを成長させることだ。

1年目に大活躍した木田は「頭を使った、打者の心理状態を読むピッチングをはじめ、いいところはどんどん盗みたいですね」と意欲満々。また、前年の1980年にプロ11年目で自身初の2桁勝利となる10勝（7敗）をマークした間柴は、初日の練習で早くも目を奪われていた。「キャンプ初日のキャッチボールからして、もう既に左肘が十何分の一秒くらい遅れて出ている。あの投げ方は天性のものなんですかね」。その間柴はキャンプ中に早速、江夏から「左ピッチャーは、アウトコースのコントロールが重要だ」とアドバイスされた。江夏自身、基本的な持ち球は直球とカーブのみ。球速、切れはもちろんだが、正確無比なコントロールが何よりの持ち味で、中でも右打者の外角直球のコントロールを生命線としていた。シンプルな言葉でも、そんな江夏が言うからこそ伝わる説得力がある。当時は29歳と既に中堅クラスに達していた間柴だが、もう一皮むけるため、必死にこのコースの制球を磨いた。

努力する姿を見ていた

沖縄・名護キャンプは1979年に初めて実施されたが、79、80年は一部の主力投手陣やベテラン野手限定。一軍全選手がそろっての名護キャンプは81年が初めてで、2月1日から16日まで行われた。18日から3月4日までの2次キャンプは、従来行っていた徳島・鳴門で実施。水銀柱が30度を超す沖縄から、粉雪が舞うほど冷え込む環境に変わり、「名護では100点満点で、120点の調整ができた」と振り返った大沢監督も、「寒気団の襲来だ。おてんとうさまに逆らっても仕方ない」と大幅なペースダウンを余儀なくされた。今津光男守備コーチは「中継、連係プレーの反復練習が約3割減になった」と嘆き、ナインの間では「しばれるなあ」とあいさつが交わされ、報道陣には「冷凍ハム」と皮肉られた。

そんな過酷な環境で、ブレークに向けて地道に努力を続けている男がいた。1976年に東海大相模高からドラフト外で入団し、プロ5年目を迎える右腕・岡部である。練習後に、県営鳴門球場（現・オロナミンC球場）から当時の選手宿舎「水野旅館」まで、5キロ程度の道のりを、毎日ランニングして帰っていた。他のナインはバス移動。時折、同様に走る選手もいたが、岡部は「そんなに続かず、2、3日でやめるだろう」との周囲の冷ややかな目をよそに、キャンプ期間を通じてやり遂げた。一軍キャンプのメンバーでは最も若い部類の22歳で、過去4年で通算わずか2勝。飛躍に向けて愚直に練習に励む姿を見ていたのが、10歳上の江夏だった。「僕、実は阪神ファンで、江夏さんの大ファンだった。雲の上の人。話しかけてもらうことが、すごく緊張しました。自分からいくというのはちょっと……。自分から声を掛けることもできなかったので」。そんな岡部が、江夏に少しずつ声を掛けてもらうようになっていった。

初登板で木田―江夏リレー

江夏は3月15日の中日とのオープン戦（後楽園）で「移籍初登板」を果たした。1対0で迎えた8回、木田をリリーフしてマウンドへ。8回は田尾安志、チャーリー・スパイクス、谷沢健一をオール直球の10球で3者凡退に片付けると、9回には変化球を交えて大島康徳、石井昭男、宇野勝を15球で抑えた。球場で観戦していた大社オーナーは「いやー、千両役者やなあ」と感嘆の声を挙げた。圧巻の投球。バックを守ったナインも感嘆、畏怖、緊張など、さまざまな思いが入り交じった。

「サインは一応、俺が出したんだけど、（投球が）うまいもんだねえ。俺の配球なんか、足元にも及ばん。俺ももっと勉強しなきゃ女房失格だと思ったよ」（捕手・加藤）

「ヘマやっちゃまずいんで、（膝が）ガクガクですよ。でも、投球リズムが良いので守りやすかったですね」（三塁手・古屋）

「これから、もっと江夏さんと呼吸が合うよう、経験を積んでいかんと」（遊撃手・高代）

当の江夏にも、少なからず高揚感があった。「俺ら野球人は、オープン戦いうても、やっぱりマウンドに上がると緊張するもんや。抑えよう抑えよう、恥かかんよう思ったら、顔が引きつってなあ」。仕上がり具合については手応えがあったようで「投球で一番大事なバランスについても、いろんな筋肉が張っとるからいい証拠。まあ、今年はストレートが思ったより良いんで、楽しくやらせてもらうわ」と話した。一方、4年ぶりのパ・リーグ復帰や初めての東京生活、取材の過熱ぶりなどの中で、一番の悩みを問われると、こう話して笑みを浮かべた。

「友人から柴犬をもらうんやけど、どんな名前にしようか、（4歳の）娘と考えとるんや」

想定外の低空飛行

江夏を得て、「優勝」の2文字がより現実的な目標となって臨んだ1981年のシーズン。開幕は当初予定された4月4日が雨天のため流れ、翌5日の南海戦（後楽園）でシーズン初戦を迎えた。以下がスタメンである。打順の変化はいくつかあるものの、新戦力として名を連ねたのは富田とのトレード相手で同じ左翼の井上だけ。野手陣に関しては、適材適所に安定感のある主力が配されていた。高橋直が長く担ってきた開幕投手の大役は、高橋一が務めた。

〈80年〉
一（中）島田　誁

〈81年〉
一（三）古屋英夫

二（左）富田　勝
三（右）クルーズ
四（一）柏原純一
五（指）ソレイタ
六（三）古屋英夫
七（捕）大宮龍男
八（遊）高代延博
九（二）菅野光夫
投　高橋直樹

二（中）島田　誠
三（一）柏原純一
四（右）クルーズ
五（指）ソレイタ
六（左）井上弘昭
七（捕）加藤俊夫
八（遊）高代延博
九（二）菅野光夫
投　高橋一三

江夏の登板機会は、早くも訪れた。後から考えれば、早過ぎた、とも言えるのかもしれない。5対3と2点リードで迎えた7回、マウンドに上がった。7回に1点を失って1点差に詰め寄られると、9回には一死から藤原満の左前打、久保寺雄二の右翼線二塁打、メイの左前打、門田博光の左越え2ランで一挙4点を失った。3回5失点で敗戦投手。リードした加藤は「直球のスピード、切れはあったが、落ちる球が甘く、打ちごろのコースに入った」と分析した。一方で、開幕戦からの3イニング救援に疑問を呈する声も。広島時代も3イニングを投げたケースは少なく、古葉監督は「2回30球」を通常時の目安としていた。大沢監督は「試合前に〝3回いくぞ〟と言ってあったし、ちゃんとそういう試合展開になった」と説明。しかし、結末は皮算用通りにはいかなかった。日本ハムでの初登板では、3回49球。四死球は0で3三振を奪うあたりに「らしさ」を見せたものの、6安打を浴びた。

想定外の展開は続いた。翌6日の南海戦（後楽園）は2年目の木田が完投で初勝利。しかし、その内容は、とても手放しで喜べるものではなく、本人も「こんな内容じゃ、2年目のジンクスと言われても仕方ありません」と反省した。開始前から小雨が降り続き、5回表の投球中には雨で39分間中断された悪条件も重なり、6回までに4点を失った。しかし、3対4の6回に味方打線が3点奪い逆転。7回には6点、8回には2点を追加した。井上のチーム今季初アーチを皮切りに、古屋、菅野、ソレイタも一発を放ち、計14得点の援護。このまま終わればよかったが、木田は9回にも久保寺に満塁アーチを許すなど5失点した。南海は22勝を挙げた前年、9勝1敗と圧倒的な好相性だった相手。勝ったとはいえ屈辱の9失点には、得意のガッツポーズも出なかった。「（開幕戦で）江夏さんで負けているんで、何とか勝とう勝とうという意識が強くて……。でも、満塁ホームラン食っちゃいけませんね。打線があれだけ助けてくれてるんだから、何とかしなきゃいけなかった。もう最低です」。最後まで木田の表情はさえなかった。

カードが変わっても、流れは変わらなかった。翌7日の西武戦（後楽園）で江夏は、0対1の無死一、二塁で、好投を続けてきた先発の高卒3年目右腕・工藤幹夫をリリーフ。追加点を許したくない場面で託されたが、田淵を投ゴロ併殺に封じた後、テリー・ウィットフィールドに二塁打を許し、チームは手痛い2点目を失った。さらに8日の同戦（同）では6対5の8回無死一塁で登板。犠打野選と内野安打で満塁とされ、スティーブ・オンティベロスに同点の左犠飛を許すと、9回には田淵に左越えへ決勝のソロアーチを浴びた。開幕4試合でチームは3敗し、うち2試合で江夏が敗戦投手という惨状。阪神時代にバッテリーを組み、1978年以来3年ぶりの対戦となった田淵は「時の流れを感じたよ。ボールにも、かつて俺が受けていた時のような迫力が感じられん。当時の江夏の力を今もなお求めるのは酷、ってもんだけどね」と力の衰えを指摘し、同情した。「優勝請負人」の、いきなりのつまずきに、驚きや失望を隠さない声が各方面から上がる中で、変わらぬ信頼を強調したのが大沢だ。「まだまだ、これからよ。そのうち江夏も慣れてきて、何とかやってくれるこっちゃろ」と。

そんな大沢が「今日がうちの（シーズン）第1戦だ」と破顔したのは、4月14日の近鉄戦（日生）だった。間柴が5回2失点、岡部が2回1失点とバトンをつなぎ、5対3で迎えた8回から江夏が登板。8回は羽田耕一を3球三振に片付けるなど3者凡退で終えると、9回にはビクター・ハリスに中前適時打を浴びたが、何とか逃げ切った。9戦目でようやく今季初セーブを挙げた守護神からも、安堵の笑みが漏れた。

「俺の責任で、チームが出足につまずいた。これは嫌というほど分かっていたから、俺も何とかきっかけをつかんで、チームに恩返ししたい」

元来スロースターターではあるが、他にもコンディション面が万全ではなかった。開幕前に左足付け根の筋肉を痛め、左足の「蹴り」がいまひとつで、万全の投球ができていなかった。それでも、言い訳をすることはない。工藤ら若手の頑張りを称えつつ「俺も、ぼつぼつ暖かくなってきたら、そこそこはやらんとな。オーナー、監督から言われて拾ってもろうたんやから、それだけの仕事せんと月給泥棒にやってしまうやないか」と江夏節で逆襲を誓った。

研究熱心な「サモアの怪人」

4月14日から1分けを挟んで3連勝をマークしたのもつかの間、同20日の南海戦（大阪）から3連敗。かと思えば、同23日のロッテ戦（後楽園）から再び3連勝と、不安定な戦いぶりが続いた。その中でも、打線で奮闘が目立っていたのは2人だ。一人は同18日の南海戦（大阪）で4安打をマークし、この時点で打率・408としてリーグトップに立った島田。もう一人は、同26日の近鉄戦（後楽園）で10号ソロを放ち、5試合連続本塁打をマークしたソレイタである。この一発で2年連続となる10号リーグ一番乗りを果たした「サモアの怪人」。来日1年目の前年はリーグ2位の45本塁打を記録した一方で、打率は・239と粗さが目立った。しかし、26日終了時の打率は・338という変身ぶりだ。その裏には、日本の野球に適応するための研究熱心さと、改善に向けたひたむきな努力があった。

「日本の投手は変化球が多いので、今年は2ストライクを取られたら、振り回さないでミートを心がけている。それと、ほとんどが外角攻めばかりなので、流し打ちの練習ばかりしている」

南太平洋育ちらしい陽気さと巨体からくる豪快なイメージとは違い、課題を克服すべく、真摯に向き合った。阪急の助っ人ウェイン・ケージから「日本の外角攻めのために36インチ（約91・4センチ）のバットを使っている」と聞くと、早速、34・5インチ（約87・6センチ）の自身のモデルよりも4センチ近く長いバットを注文し、試した。ケージは来日1年目でソレイタよりも4歳下。さらにメジャーでの実績も自身が断然上だが、他人の意見に耳を傾けることができる人間的な素直さと柔軟さが、ソレイタにはあった。

逆襲のボンバー

4月は9勝12敗1分けと、借金3を背負って終えた。勝ったり負けたりの一進一退が続く中で、5月に入って巻き返しのきっかけをつかんだのは、4年目の古屋だった。

1年目は108試合に出場して打率・213ながら7本塁打。2年目は109試合出場で初の規定打席到達を果たし、リーグ9位の打率・313をマークして15本塁打、

56打点、14打点の好成績を残した。ところが3年目の1980年は84試合の出場にとどまって打率・240、11本塁打、30打点と低調。古屋が出場しない試合では三塁のポジションを、本来一塁手の柏原が務めた。

1981年も開幕戦で一番打者に抜てきされながらも調子が上がらず、4月終了時で打率は・217で2本塁打。5月3日のロッテ戦（川崎）ではこの年初めてスタメンを外される。三塁を柏原、一塁をソレイタが守り、ソレイタの代走から三塁の守備固めとしての出場となった。この試合を3対1で勝利すると、次戦の同5日の阪急戦（後楽園）でもベンチスタートに。古屋は終盤から三塁を守った。試合は9回に先発の木田が2点を失い3対3の同点に。その裏の攻撃で、島田と柏原を塁上に置いて古屋に打席が回ってきた。マウンドにいたのは山田。80年までに11年連続で2桁勝利をマークし、88年の現役引退までに通算284勝を積み上げる大エースだ。古屋はここでカーブを思い切り振り抜くと、打球は左翼席中段に飛び込んだ。劇的なサヨナラ3ラン。木田をリリーフした江夏には2勝目がついた。古屋にとっては、プロ初のサヨナラ本塁打にもなった。不振のうっぷんを晴らすアーチに「今年一番、スカッとしました。今までのイライラは一気に吹き飛びましたよ」。ナインに手荒い祝福を受け、声を震わせながら話した。スタンドでは、千葉県富津市の自宅から駆けつけ、観戦した両親が大喜びしていた。

山田から打ったこの一発。古屋は、自身のキャリアを通じて「一番ですね」と、後楽園の試合で最も思い出に残るプレーに挙げた。大エースを攻略し、レギュラーを死守する上での分岐点となった。この年、古屋は初めて全130試合出場を果たした。

「（自分のプロ野球人生で）ステップの打席でした。みんなが打ちたい投手、山田さんからの初ホームランですからね。他の人から打つのも（数字上は）同じではあるんですけど、やっぱりそういう人から打ったホームランというのは、特に覚えていますよね」

さらに印象深かった理由が、もう一つある。打たれてなお伝わってきた、大エース・山田の矜持だ。「それから山田さんは、僕にはカーブを1球も投げなかった。引退するまで。あれだけ徹底するのは、すごいなと思いましたね。シンカーばっかりでした。真っすぐとシンカー」。しみじみと、そう振り返った。

投打の「軸」に誤算、「脇役」に収穫

５月は13勝11敗、６月は９勝８敗２分け。日本ハムが優勝を掲げて挑んだ１９８１年の前期、31勝31敗３分け（勝率・５００）の４位に終わった。誤算はいくつもある。投手陣では江夏の救援失敗が続いて開幕ダッシュに失敗した。江夏は前期終了時で21試合に登板して２勝５敗10セーブ、防御率３・86。かなり持ち直してきたが、左足付け根の筋肉を痛めた影響で左肩痛も併発し、５月以降も左上奥歯の親知らずの化膿に悩まされるなど、万全とは程遠い状況での投球だった。さらに打線では、ソレイタ（打率・２９７、22本塁打、56打点）、クルーズ（打率・２９５、９本塁打、40打点）の両外国人が奮闘したものの、柏原は打率・２５９、５本塁打、36打点。古屋も、不調の「底」は脱したとはいえ、打率・２４６、８本塁打、33打点と、まだまだ物足りない内容だった。

江夏と引き換えに高橋直が抜けた先発陣では、６月９日に35歳の誕生日を迎えたベテランの高橋一がチーム勝ち頭の７勝（２敗）を挙げ、防御率も２・60と奮闘した。前年に22勝という無双ぶりを誇った木田は６勝４敗、防御率３・83。最低限の面目は

保ったものの、序盤から打ち込まれる場面が目立った。6月には一軍に同行しながらも、ランニング、遠投、アメリカンノック、計1500球の投げ込みという「ミニキャンプ」を命じられ、後期の巻き返しに備えた。植村投手コーチは「はっきり言って気の緩み。おごりですよ」とバッサリ。「投げ急いでいたので、体が開き、結局は手投げになっていた」と修正点を挙げた。木田本人も「過去のことは忘れて、一からやらなくては、忘れ去られてしまいます。（絶好調時と比べて）7、8割ですけどフォームも元に戻ったし、あとは四球を減らして勝つ、粘りのピッチングを心がけていきます」と決意を新たにした。

ソレイタ、クルーズ以外の打者で目立ったのは、何と言っても島田だ。開幕当初から打撃好調で、5月には自身初の月間MVPを獲得した。リーグトップの94安打は、1979年の阪急・加藤英司に並んで半期では最多の数字。打率・353は2位、27盗塁は福本豊（阪急）を上回るトップで折り返した。

投手陣でラッキーボーイとしてにわかに台頭してきたのが、12年目の先発左腕・間柴である。防御率は5・29と褒められた数字ではないものの、無傷の開幕5連勝。ただ、自身には大洋時代の1975年に開幕6連勝の後、3年がかりで13連敗を喫してしまった苦い過去があったため、「僕の場合は反動があるでしょ。だから、早く1つ負けておいた方がいいんですよね」と照れ笑いし、「防御率をもっと良くしなければね」と気を引き締めていた。

もう1人、ブレークへの足がかりをつかんでいたのは、5年目の岡部。中継ぎで好投を重ねると、後期に向けた先発のテストとして抜てきされた6月20日の阪急戦（後楽園）で13安打11得点という援護にも助けられ、5安打1失点で完投勝利を挙げた。過去4シーズンで2勝だった右腕が、早くも3勝目。この白星で、後期の先発ローテーションの座を獲得した。

無名右腕のドロップ

岡部は、東海大相模高では、エース左腕・村中の陰に隠れた控え投手。甲子園でも2年春に1イニングを投げただけだった。甲子園に4季出場した「黄金世代」の核となったのは、村中と、野手陣では原と津末。全国的に名が知れ渡っていたこの3人がいたことで、スカウトの三沢は頻繁に同校へ足を運んでいた。「3年の春先だったかな」

と回想するのは、原の父親でもある貢監督との、ブルペンで会話していた時の光景である。「(村中、原、津末の) 3人は大学に行くから、今は (ドラフト指名は) 無理だよ」と聞かされたが、ちょうどブルペンで投げていた岡部に目が留まった。

「体がすごくがっちりしていて、ストレートはそんなに速く感じなかったけど、ドロップ、落ちるカーブが良かった」

三沢が着目したドロップは、全て捕手の前でショートバウンドしていたが、それでも感じるものがあった。原監督に「東海大相模の試合をしょっちゅう見ているけど、全然見たことがない」と訪ねると、案の定、「試合で使えない。ストライクが入らないから無理だ」との返答。その上で、こう付け加えた。

「もし、三沢君が獲るんだったら、やるよ。ドラフト外でもいいよ」

おそらく、その少し後のことだろう。原監督は、卒業後の進路が定まっていない選手たちに、希望をたずねた。3年春の時点ではあるが、ここまでの高校生活で実力が開花できなかった岡部は、社会人野球を希望した。村中ら主力とともに東海大へ進学する選択肢もあったが、選ばなかった。妹の高校進学と重なったという経済的な事情もあったが、もう一つ、大きな理由があった。「高校2年間の2、3番手が嫌だった。

僕が一緒に行ってしまったら、またそこに甘んじてしまうかもしれない。違う世界でやってみたい」。そんな岡部に原監督は「おまえをプロに行かせるぞ」と告げた。半信半疑だったが、三沢は能力を高く評価。本指名ではないこともあり、三沢からは指名後の電話で「監督さんと、ご両親と話をして決めてください」と言われたが、岡部は「よろしくお願いします！」と即答した。父親からは「今のおまえの実力でプロに行っても無理だ」と反対されたが、最終的には認められた。東海大相模高から直接プロ入りした初めての選手になった。のちに、「大学に行ったつもりで4年間やれば大丈夫だから、行かせてあげてください」と原監督が父親を説得してくれていたことを知った。

日本ハム陸上部

同期のスターたちよりも先に、プロの世界に飛び込んだ岡部。ただ、あくまで「磨けば光るかもしれない」という素材を見込まれただけであるのは、本人が一番自覚していた。入団当初は、巨人で「8時半の男」として名をはせた宮田征典投手コーチに、

「おまえは走ってナンボだぞ」と口癖のように言われ、まずは徹底的なランニングメニューで鍛えられた。

「走らされました、本当に。〝日本ハム陸上部〟みたいな感じで。グラウンドに行くのが嫌なくらい。吐きそうになるほど走らされました」（岡部）

自身は体力面、技術面とも「全部（レベル的に）ゼロの状態」と当時を振り返る。「球はそこそこ速かったけど、コントロールが悪く、10球投げたらストライクが1、2球くらいしか入らないピッチャー」（岡部）にとっては、まずはとことん下半身を強化することが不可欠だった。当時の二軍の練習場は、多摩川の河川敷にあるグラウンド。「だから、隠れてサボることができなかった」と苦笑する。グラウンドの左翼から右翼まで10本を、タイムを決めて走らされる時には、少しでも内側を走って距離を縮めることも試みたが、たかが知れている。腹を決めて、食らいつくしかなかった。母校の同期にも負けたくない。「2、3年でクビを切られてしまう人もいる。4年間、本当に頑張りました」。物腰柔らかく、謙虚な口ぶりで話す岡部が、少しだけ胸を張った。

走り込みによる下半身強化に加えて、宮田コーチにもう一つ与えられた課題が、炊く前の米粒を茶碗半分ほどテーブルの上に用意し、指先で一粒一粒つまんで茶碗に入れていくという「トレーニング」である。「指先の感覚が良くないから」というのが、その理由だ。数にして数百粒程度だろうか。走り込みを重ねて疲れ切った練習後、寝る前に寮の自室などで、地道に米粒をつまむ作業を繰り返した。これも、のちに聞かされたことだが、この作業は元々、まひを抱えた人たちのリハビリとして行われていたものだという。

言われたこと、やると決めたことを、愚直にやり抜く。岡部は「バカ正直なやつだなと、よく言われるんです」と笑うが、1年間の「米粒トレ」は、下半身強化と相まって「キャッチャーが構えたところに投げられるようになりました」と確かな効果を生んだ。地道な努力を繰り返して、少しずつだが結果もついてきた。ドロップだけだった変化球は、新たにシュートとスライダーを身につけた。2年目の1978年に一軍デビューを果たし、4年目の80年にプロ初勝利を含む2勝をマークした。村中、原らの同期が大学を経て社会人、プロへとそれぞれ進んだ81年。さらなる飛躍を期して、周囲いわく「バカ正直」に鳴門キャンプで練習後のランニングを日々続けている中で、「雲の上の人」とあがめてきた江夏との交流が生まれた。

ブレークへ金言の数々

岡部は「僕は一番かわいがってもらったんじゃないですかね」と感謝を口にする。技術面だけではなく、配球についての考え方、打者心理など、江夏の金言は多岐にわたった。特に心に残ったものは、2つある。

①「ボール球を投げることを怖がるな」＝野球ファンの間では有名な話だが、江夏は3ボールから打者を打ち取ることを得意とし、わざと3球ボールを続けることすらあった。その根っこにある考えを、こう岡部に明かした。

「打者が有利な2ボール1ストライクや3ボール1ストライクから、真っ正直に真っすぐでストライクを取るから打たれる。打者心理ならそこは真っすぐを待っているのに、真っすぐでいく必要はない。そこを変化球で。ボール球でもいい。ボール球でも意思をもって投げれば怖くないだろ。ストライクを投げないといけない、と思ってボールになるから怖いんだろ」

岡部を「べえ」と読んでいた江夏は、実際に試合で平然と3ボール0ストライクの状況をつくり、抑えて帰ってくる。そして、ベンチで「べえ、これだよ。これがピッチングだよ」と語りかけた。

②「思ったところに投げられるのが制球力」＝江夏は「ストライクが取れる投手」と「コントロールが良い投手」とを、明確に区別し、「自分の思ったところに投げられるのが、コントロールが良いピッチャー」と説いていたという。その制球力を生かすためのテクニックを、岡部は間近で目にした。

「ブルペン投球を見たら、もうドンピシャです。ちょっとボール1つ分外すぞ、と言ったら本当に外す。どうしてそういうふうに投げられるんだろうと思って見ていたら、プレート（の踏む位置）を少しずつずらしていた。試合でも、バッターに分からないようにやっていたと思います」

思い切ってプレート位置のわずかな調整について質問すると、「分かったか。そういうことだよ。同じ所から投げるのと、ちょっとずらして投げるのと、バッターからしたら角度が違う」と説明してくれた。

江夏が持つ全てを身につけることは無理でも、その考え方やテクニックを駆使した投球は、体力や制球力の土台ができつつあった岡部にとっては、最高の「生きた教材」

であり、折に触れてもたらされるアドバイスは、飛躍を後押ししてくれた。

親分が泣いた（1981年後期優勝〜ポストシーズン）

後期の開幕前。前期で不調だった柏原と古屋が、後楽園球場の監督室に呼ばれた。大沢監督が、いつものべらんめえ口調で言う。

「おめえら2人が頑張らねえと優勝できねえんだ」

7月3日、後楽園で行われた後期開幕戦の相手は、前期優勝のロッテ。この試合で先発を任された木田は、落合に2本塁打を浴びるなど5回⅓を9安打6失点と、またしても精彩を欠いた。しかし、打線が奮起する。前期だけで11勝を挙げた相手先発の村田を攻め、2回までに大量8点を奪いKO。11対6と打ち勝った。古屋が初回の満塁機に走者一掃の三塁打を放つなど4打点をマークし、四番の柏原は6号アーチを含む2安打3打点の活躍。逆襲の始まりだった。

主将、選手会長に加えて、6月中旬からは四番の重責も担った柏原。不調時には「僕みたいな酒飲みが、（酒を）口にするのもおっくうになった」とぼやくこともあった。

しかし、後期の最初の5試合で18打数9安打と大当たり。7月5日のロッテ戦（後楽園）では最終的に逆転負けを喫したものの、2安打1打点に加えて、意表を突くホームスチールを決めるハッスルぶりでチームを引っ張った。

伝説の敬遠球打ち

「とにかく、思い切り振り抜くことしかないですよ。僕が打つことで波に乗ってくれれば、言うことはないです」（柏原）

勝利に向けての責任感と、なりふり構わない思い切り。この2つが凝縮されたプレーが、7月19日の西武戦（後楽園）だった。2回にソレイタの29号ソロ、4回にクルーズの14号ソロが飛び出し、2対0で迎えた6回二死三塁。マウンドには変則サイドスロー左腕の永射がいた。柏原は、永射の敬遠球を飛びつくようにして捉え、左中間スタンドに叩き込んだのだ。

ただし、闇雲に振っただけではない。柏原の頭の中には、冷静な状況判断と、結果を出すための計算があった。「僕は言い訳まで考えて打席に行きましたから。凡打して監督に怒られた時、〝こう思ったから打ちました〟という答えを自分で出してから打席に入りました」と振り返るほどだ。

まずは状況。次打者のソレイタは、このシーズンの対戦成績は11打数2安打、7三振と永射を苦手にしていた。前年にいたっては16の0、5三振である。柏原が一塁に歩いても、ソレイタから次の得点につながる一打が飛び出す可能性は極めて低いと考えた。

さらに、走者三塁というのがポイントだった。柏原は言う。「ランナーをけん制するために三塁手はベースにくっついて、三遊間がガラ空きになる。だから、引っ掛けてバットに当たればヒットになるという判断だった」。外角高めの球に飛びつくようにして引っかけ、走者を還す。本人にしてみれば、全てイメージ通りだった。ただ一つ、打球がスタンドに届くことを除いて。

「100パーセント狙っていましたね。たまたま芯に当たってホームランになりましたが、欲がないから芯に当たったし、腕が伸びきったところだからパワーが伝わった。それがホームランになったということです」

柏原本人も、周囲もびっくりの本塁打は、相手の西武には大きなダメージを与えた。

五番ソレイタ、三番クルーズとのクリーンアップ競演。もう一つ大きな「効果」となったのは、この敬遠球打ちで4対0と貴重な中押しとなり、先発した岡部のプロ初完封へ強力に援護したことだ。岡部は9回4安打無失点と立派な好投。しかし、西武も先発の松沼博久は5回⅓を投げて2安打3失点で、2番手の永射は2回⅔を1安打1失点。この試合で許した安打は3本塁打のみだった。緊迫した投手戦で勇気づけられた岡部は6勝目。この時点で、開幕前に今季の目標として設定していた5勝を超えた。23歳の右腕が、自信を手にする上でも大きな一戦となった。

好調時に島田、クルーズ離脱

その翌日、7月20日は試合がなかったが、阪急が敗れたことで単独首位に浮上。7月は11勝6敗2分けの好成績でオールスター休みに入った。「やっとチーム力のバランスが取れてきたんだから、これを崩さんよう、一試合一試合、大事に戦うだけだ」。大沢監督がそう繰り返して引き締め、ファイターズは8月に入っても勢いが衰えなかった。

8月1日の近鉄戦（札幌円山）では高橋一―江夏のリレーで勝利。7回4失点の高橋一がマークした10勝目は、通算150勝目となった。巨人時代は20勝以上を2度（1969年22勝、73年23勝）達成し、栄光のV9に貢献した左腕。2桁勝利は76年以来5年ぶりと、35歳にして見事な復活を遂げた。ベテランを突き動かしているのは、その先の200勝ではない。「それより、もう一度あれをやりたいんだ。あの味だけは格別」と渇望する、チームの優勝である。同15日の南海戦（大阪）では1失点完投で11勝目を挙げ、チームを単独首位再浮上に導いた。

同20日の阪急戦（後楽園）には5連勝をマークしたが、この試合でアクシデントがあった。島田の負傷である。悪夢のようなシーンを、本人が回想する。

「二盗した時に送球が外野に逸れ、スライディングをした体勢から三塁に走ろうと、左足を出そうとしたら足首が二塁ベース上に引っかかって。それで15試合休みました。その時点で42盗塁はリーグトップだったのに、復帰したら走れなくなって……」

診断は左足首の捻挫。打率も20日終了時で.327。盗塁王と首位打者の2冠を狙える位置にいたが、盗塁は福本（阪急）に抜かれ、打率は落合博満（ロッテ）に引き離されることになる。

主力野手の受難は続いた。島田が離脱してからちょうど15試合目にあたる9月7日の南海戦（後楽園）で、主砲のクルーズが右翼守備でフェンスに激突して負傷。翌8日、左足首の骨折が判明したのだ。島田の復帰を目前にしての悲報。「今や、月にだって出かける時代じゃねえか。誰か、クルーズの骨をくっつけるノリでも発明できねえのか……」。報道陣に向けた大沢監督のユーモアを交じえた愚痴も、切なく響いた。

神がかった間柴の連勝街道

しかし、前年にわずか0・5ゲーム差で優勝を逃していたナインは、めげなかった。大沢は「せっかく、ここまできたんだ。クルーズの穴を埋めるには、みんなの結束しかない。俺に体を預けてくれ」とハッパをかけ、それに応えた。クルーズが負傷した7日は0対3で迎えた9回に4点を奪って逆転サヨナラ勝ち。決勝打を放ったのは、島田の代役として中堅でスタメン出場していた岡持だった。この大逆転により、9回3失点で今季初黒星がつく寸前だった間柴は、一転して勝利投手に。これで開幕から無傷の13勝目をマークした。

今度はクルーズの代役として右翼手としての出場が増えることになった岡持は、東映時代に入団し、1981年はプロ12年目。9月9日に30歳の誕生日を迎えた。シーズン半ばには右足首を骨折して長期離脱を余儀なくされていた「脇役」がラッキーボーイ的な存在になり、その援護も受けてさらに記録を伸ばしたのが間柴だ。同13日の阪急戦（西宮）では古屋、岡持のタイムリーなどで、この日も逆転してもらった左腕が9回3失点完投で白星。プロ野球新記録（当時）となる無傷の開幕14連勝を遂げた。照れ屋で知られる男が、思わずガッツポーズ。記録のためではなく、もう一つ、大きな意味があった。「初めて西宮で勝った。本当に初めてなんですよ。大体、阪急戦で先発したのが初めてなんだから」。これまでの13勝について、「近鉄と南海ばかりじゃないか」と冷ややかな見方もあったが、それを払拭する好投だった。

過去の野球人生において間柴は、「負の記録」にばかり縁があった。滋賀・比叡山高で3年時の1969年に甲子園に初出場したセンバツでは、県岐阜商の鍛治舎（かじしゃ）巧にセンバツ通算100号アーチを喫して敗戦。プロに入ると、大洋時代には3シーズンにまたがって13連敗を喫した。川崎球場の元ウグイス嬢・みどり夫人の提案で名前を「富裕（とみひろ）」から「茂有（しげくに）」と改名した77年のオフに日本ハムにトレードされたのが、運命が変わる転機となった。

9月18日の西武戦（後楽園）で7回1/3を2失点に抑え、15勝目を挙げて、レギュラーシーズンの最終登板を終えた。前期の5勝は、必ずしも数字通りの安定感ではなかったが、後期の10勝はツキだけでは片付けられない。その証拠に、8月以降の7勝には6つの完投勝利（うち1完封）も含まれた。本人はのちに、こう述懐する。

「周りでは11勝目くらいからいろいろ言われ始めたけど、優勝争いに気を取られていて意識はしなかった。先に点を取られ、必死に投げているうちに、味方が逆転してくれた勝ち星もありましたしね。自分じゃなくチームがつくった記録だと思いますよ」

そして付け加えたのが、江夏の存在である。「7回までと思って、思い切って飛ばしていける」。元来持っていた右打者へのクロスファイアの直球に加え、この年から使い始めたフォーク。さらにキャンプでの江夏の助言で磨いた右打者への外角直球と、終盤に江夏が控えている安心感。全てがかみ合い、当時のプロ野球記録であるシーズン15連勝、戦後初の「勝率10割」という快挙が達成された。ちなみに、江夏はこの試合で2番手として1回2/3を無失点に抑え、25セーブ目をマークした。

万感のビールかけ

9月16日の西武戦（後楽園）に勝って待望の優勝マジック（5）を初めて点灯させると、大社オーナーは「石垣島から納沙布の営業所まで、優勝バーゲンの用意はOKです」と高らかに宣言した。18日の間柴の15勝目によりマジックを3まで減らすと、21日のロッテ戦（後楽園）は岡部、翌22日の西武戦（同）は高橋一が完投勝利。翌23日に西武が阪急に勝ったことで、後期優勝を果たした。日本ハムファイターズが球団創設以来、8シーズン目で初の栄冠。歓喜のビールかけで大沢監督は、就任6年目の美酒に酔った。

「みんな、よくやってくれた。ケガ人もいたが、一丸となってやった結果だ。まだうちは、層が薄く、これからだが、今年は本当によくやってくれたよ」。ビールだけでなく、シャンパンもあおり「こんな、いい酒を飲んだことはない。いやあ、うまい。いろいろ言われたが、やっと（優勝）できた。金もいらなきゃ名前もいらん。これ、これだけが欲しかったんだ」。万感の思いがあふれた。一着10万円のスーツがビールとシャンパンでずぶ濡れになった大社オーナーも感慨ひとしお。「ビールってのは、頭からかぶるのもうまいもんだと、初めて分かった。チームを持って8年目だが、最下位からやってきたんだから、早い方じゃないか」と笑顔がはじけた。

選手たちも、口々に喜びを爆発させた。

「こんな経験、初めてだから、まだピンとこないけど、これからじっくり味わうよ」（柏原）

「もう最高！今年悪かったことなんて、みんな忘れちゃう。気持ちいい。プレーオフで悪かった分を取り戻すけど、今は本当に最高！」（木田）

「何度も優勝を経験しているけど、今年が一番印象に残る。（野球を）やめようと思った時もあったし、めちゃくちゃに騒げそう」（高橋一）

「今日、子供がやっと生まれた。その日が優勝だなんて、信じられない」（島田）

「ビールは飲むものじゃなく、かけるものだと初めて知りました」（古屋）

「これ（ビールかけ）がやりたくて、しょうがなかった。本当にいいもんですねえ。冷たいけど」（間柴）

「苦しいこともあったけど、今回ほど野球をやっていて幸福だと思ったことはあり

ません」(岡部)

「最高ですね。何度やってもいい。もう他に言うことはなし」(大宮)

ナインと喜びを分かち合いながらも、ひときわ落ち着いていた男がいる。移籍1年目で自らに課せられたミッションを見事に果たした「優勝請負人」の江夏だ。

「まだ、やることが2つある」

前期優勝のロッテとのプレーオフ、そして、同じ9月23日にセ・リーグを制覇した巨人を倒しての日本シリーズ制覇に照準を合わせ、気持ちを入れ直していた。

優勝請負人のすごみ

岡部は9月26日のロッテ戦のダブルヘッダー第1試合(川崎)で4番手として1イニングを無失点に抑え、チームの今季128試合目にして規定投球回(130)に到達。防御率2・70でリーグトップに躍り出た。同27日の阪急とのレギュラーシーズン最終戦(西宮)ではソレイタがリーグトップに並ぶ44号ソロ。同じく44本塁打を放っていた南海の門田博光が残り5試合で上積みできず、キングの座を分け合った。投打両部門での主要タイトル獲得者は下記の通り。以下の表彰対象の9部門のうち、日本ハム勢が過半数の5部門を占めた。江夏を除く4部門は初受賞だった。

▼首位打者　**落合　博満**（ロッテ）＝初・326
▼最多本塁打　**ソレイタ**（日本ハム）＝初44
　門田　博光（南海）＝初44
▼最多打点　**ソレイタ**（日本ハム）＝初108
▼最多盗塁　**福本　豊**（阪急）＝⑫54
▼最優秀防御率　**岡部　憲章**（日本ハム）＝初2・70
▼最多勝利　**今井雄太郎**（阪急）＝初19
　村田　兆治（ロッテ）＝初19
▼最高勝率　**間柴　茂有**（日本ハム）＝初1・000
▼最多奪三振　**村田　兆治**（ロッテ）＝④154
▼最優秀救援投手　**江夏　豊**（日本ハム）＝④28

※最優秀救援投手はセーブポイント数。丸数字は受賞回数

前期不調だった江夏だが、後期で見事に立て直したのは、数字の上でも明らかだ。前期は21試合に登板して2勝5敗10セーブ、防御率3・86だったのに対し、後期は24試合に投げて1勝1敗15セーブ、防御率2・06と、黒星は1つだけ。そんな江夏の投球への信頼感を、リリーフに転向した当初の南海時代にもチームメートだった柏原は、日本ハムで再会後と当時を比較して、こう表現した。

「すごみを増していましたね。南海時代はそうでもなかったのですが、広島を経て日本ハムに来た時は〝ここぞ〟という場面では、いつも抑えていました。バッターを見て投げるんです。リリースの時点で打者を見て、どういう狙いなのか、どういう動きをするのか、瞬時に見破って対応するんです」

江夏の気遣い、親分の気遣い

江夏にかわいがってもらった岡部は、技術や知識、考え方などの他に、男気にも触れた。うだるような暑さに見舞われた8月4日のロッテ戦（県営宮城）。岡部が1対0で走者を残して8回途中に降板すると、バトンを受けた江夏がリーに同点打を許した。その後は抑え、江夏は2回2/3を2安打無失点、5奪三振。試合は延長10回の末に1対1と引き分けた。試合後、江夏は勝ち星が消えた岡部にぼそりと言った。

「おう、べえ、悪かったな。この借りは返すからな」

岡部の次の登板となったのは、同11日の西武戦（西武）。江夏は2点リードの9回に2番手として登板し、1回を無失点できっちりセーブを挙げた。試合後、同じようにぼそりと言った。「ほら、借りを返したぞ」。その言葉とともに、ウイニングボールを手渡された。

そんな江夏を支え続け、奮い立たせ続けたのは、大沢監督だった。阪神、南海、広島を経て、初めての東京生活。2人の住まいが近く、江夏が道路事情に疎かったこともあって、監督の運転する車に同乗して後楽園球場に通っていた。「選手に対して非常に気配りのできる人だった。大沢監督から〝一緒に乗っていくか〟と声を掛けていただいて、それがずっと続いた」と江夏は言う。試合では、失敗しても「江夏でやられたならしょうがない」とかばい続けてくれた。その背中は、江夏にとっては「親分」どころか「親」代わりの存在に映った。

「大沢のおやじはね、父親がいなかった俺にとっては球界のおやじだった。俺は父親像というものに、すごく憧れていたからね。大沢のおやじとは3年間、一緒にやったけど、おやじがずっと言い続けていたことは〝俺が江夏を獲ったんだ〟ということ。だから、どんなに打たれても、一切、俺に文句は言わなかったよ」

だからこそ、「おやじ」の期待に応えるため、ここぞという場面で抑えることができた。

柏原の千金弾＝プレーオフ①日本ハム1－0ロッテ

前期優勝のロッテと後期優勝の日本ハムによる、1981年のプレーオフは、10月7日にロッテの本拠地・川崎球場で幕を開けた。何の偶然か、「10・7」。ちょうど1年前、勝てば優勝が決まった近鉄とのシーズン最終戦（後楽園）で敗れた。4日後に近鉄が後期優勝を遂げる結末へとつながる、運命を分けた日である。

後期を制して勢いに乗る日本ハムナインは、その悪夢を経て、ひと回りもふた回りも、たくましくなっていた。81年、レギュラーシーズンでのロッテとの対戦成績は日本ハムの7勝16敗3分け、80年も7勝13敗6分けと、分が悪い。それでも、チームリーダーで主砲の柏原は、ひるむことなく臨んだ。

「(あと1勝で後期優勝を逃した)その経験があったから、プレッシャーも何もなかったです。僕個人は、村田兆治さんさえやっつければ、どうにかなると思っていた」

第1戦はロッテ・村田と日本ハム・高橋一の息詰まる投手戦。試合が動いたのは4回だ。二番・高代と三番・ソレイタがいずれも三振に倒れ、二死無走者から柏原が打席に入った。カウント1ボール2ストライクから、村田のフォークに完全にタイミングを外されたが、かろうじてファウルにした。次の球、5球目の内角直球を豪快にすくい上げ、左翼席への先制ソロ本塁打とした。高橋一は8回一死二塁で江夏にリリーフを仰ぐと、江夏は2四球などで二死満塁のピンチを迎えながらも、七番の土肥を遊ゴロに封じた。三遊間への緩い当たりを遊撃手・高代が素早い処理で間一髪アウトに。高代は「(打者が)足の速い人だったら、ダメだったでしょう。(一塁手の)柏原さんの足元を目がけて、思い切って投げました」と息をつき、江夏も「しんどいなあ。これじゃあ俺、とても長生きできんわ」と苦笑いした。江夏は9回も抑え、1点のリードを守り切っての先勝。柏原は値千金の一発を「あそこでもしフォークがきていたら三振でしたね」と回顧する。9回5安打1失点完投が実らなかった村田は、「(柏原には)ヤマを張られていたみたいだな。好投しても負けては何にもならん。悔しい。ただ、それだけだ」と唇をかんだ。

勝ちに等しい＝プレーオフ②日本ハム5―5ロッテ

雨により2日連続で中止となり、初戦から3日後に行われた第2戦（川崎）。日本ハムは岡部、ロッテはこの年に13勝を挙げた下手投げ右腕・仁科時成の先発となった。岡部は初回に2点の援護をもらいながら、その裏に1失点、2回にも2失点して、2回3失点で降板した。雨によって登板日がずれた影響があったのかもしれない。本人は「緊張したんでしょうね。プレッシャーもあったんじゃないですかね」と、苦い思い出を振り返った。

互いに点を取り合い、3対5のビハインドで迎えた9回。日本ハムは安打と相手の野選で好機を迎え、4番手の右腕・三井雅晴から村井、井上が適時打を放って同点に追いついた。9回裏は江夏がしのぎ、5時間17分に及んだ死闘は引き分け。ファイターズにとっては、終盤でリードされた展開から追いついて1勝1分けとしただけに、価値があった。同点タイムリーを放った当時37歳のベテラン・井上は「きた球を打つ、という気持ちだったけど、三井は俺が中日時代、オープン戦で1試合に2ホーマーしたこともある相性のいいやつなんだ」と胸を張った。

無敗男の真価＝プレーオフ③日本ハム4―1ロッテ

舞台を日本ハムの本拠地・後楽園に移して迎えた第3戦。74年の球団創設以来、記念すべき初のプレーオフのホームゲームに、3万8000人の大観衆が詰めかけた。

先発はレギュラーシーズン15勝0敗の間柴と、シーズン12勝を挙げたロッテ3本柱の一角・水谷則博による、左腕同士の投げ合い。ロッテは第1、2戦とバントや守備のミスが目立っており、第3戦も2回の守備でミスが出た。柏原が左前打、村井が死球で無死一、二塁となり、ここで古屋の投前への送りバントを処理しようとダッシュした水谷が転倒して満塁に（記録は三塁内野安打）。一死後、大宮が中前に先制適時打を放った。

1対1で迎えた6回には二死から古屋、井上に連打が飛び出すと、次打者・大宮の遊ゴロを処理した水上善雄からの送球に、二塁手・落合のベースカバーが遅れた（記録は遊撃手の野選)。二死満塁。ここで、この年のレギュラーシーズンは出場わずか48試合と、大宮に正捕手の座を奪われていた代打・加藤がフルカウントから内角球を振り抜き、しぶとく三遊間を抜いた。勝ち越しの左前2点打。「みんなが優勝に向かって燃えていた時、俺は何にもできなかった。こんな大事な場面で使ってもらい、いい仕事ができて本当にうれしいよ。右手がしびれたけど、執念で食らいついていったよ」と殊勝に語った。間柴は4安打1失点で9回完投。「点を取られればすぐ取り返してくれるし、みんなのおかげです」とナインに感謝。チームの一丸ぶりがうかがえた1勝で、リーグ優勝に王手をかけた。

3 被弾で沈む=プレーオフ④ロッテ11—6日本ハム

第1戦と同じ高橋一と村田の投げ合い。後がないロッテ打線が火を噴いた。初回に有藤通世に先制2ランを喫するなど、高橋一は1回⅔でKO。2回までに5点のビハインドを背負った。3回には失策絡みと島田、柏原の適時打、4回にも島田の適時打などで一時逆転に成功したものの、6対5で迎えた5回に2番手・高橋里がつかまる。

遊ゴロ失策と打撃妨害で迎えた無死一、二塁。ここで四番・落合は送りバントに２度失敗した後、右越えに逆転３ランをかっ飛ばした。さらにこの回、４番手の宇田が水上に３ランを被弾。再び５点のビハインドを背負うと、相手先発の村田が息を吹き返し、日本ハム打線は５回以降、無安打に抑えられた。大沢監督は「いろいろ、しらけたことが多かったけど、また新しい気持ちでやるよ」とさばさばと振り返りつつ、「今日の一番のミスは高橋里が落合にバントをさせなかったことや」とこぼした。

歓喜の胴上げ＝プレーオフ⑤日本ハム８―４ロッテ

もし、連敗を喫して２勝２敗１分けと「逆王手」をかけられると、押せ押せのロッテと対照的に、日本ハムは一気に追い込まれる。大事な第５戦の先発を任されたのは、レギュラーシーズン10勝10敗で、かろうじて「10勝カルテット（高橋一14勝、間柴15勝、岡部13勝）」入りした木田だった。

「２年目のジンクス」に苦しみ抜いた左腕を、序盤から打線が援護。初回に先頭の島田が中前打で出塁し、二盗に成功。一死後にソレイタが敬遠されると、ネクストバッターズサークルの四番・柏原は、自身との勝負を選択された怒りでいっぱいだった。「でも、打席に入ったら頭の中を空っぽにした。打ったのはシンカーだった」と強振せずに右前へ先制適時打。五番・岡持も左中間を破る適時二塁打を放ち、いきなり3点を奪った。2回には高代が左翼線に適時二塁打を放ち、第2戦から中2日で先発を務めた仁科をKO。4回には柏原の適時打と岡持の犠飛で、6回には古屋の適時打などで加点し、この5試合でいずれもチーム最多となる11安打、8得点を記録した。

大量得点に支えられた木田は、有藤、レオン、土肥に本塁打を浴びながらも6回⅓を6安打4失点と粘りの投球。この姿に、江夏も奮い立った。「こういう試合で気合を入れんで、どこで入れるんや」。7回一死から木田に後を託されると、残りの打者8人をパーフェクトに抑えた。10月13日の午後4時37分。9回二死から代打・江島巧の飛球が島田のグラブに収まると、日本ハムのリーグ優勝が決定。涙を流す大沢監督が胴上げされ、続いて大社オーナー、柏原が宙を舞った。親分は感慨に浸った。

「9回ごろから目がしょぼつきやがって困ったよ。故障者も多く、ロッテとの相性も良くなかったので正直、勝てるとは思わなかった。チームのみんながボンクラ監督をもり立ててくれた」

後期の優勝は、日本ハムが試合のない9月23日に西武が阪急に勝ったことで決まった。つまり、「胴上げ投手」が不在の優勝。しかし、プレーオフの最終戦は、最後のマウンドに立つべき男、江夏がいた。「ああいう形で広島を追い出されて東京に来た、その年に優勝できるなんて、勝つということは素晴らしい。だが、俺にはもう一つ、大事な仕事（日本シリーズ）が残っとる」。後期優勝の日と同様、万感の思いをかみしめつつも、やはり気を緩めることはなかった。

木田の悔恨

第5戦で勝利投手になった木田は、自身の白星よりも、大事な試合でチームに貢献できたことを喜んだ。「やった！　うれしいです。これで僕もやっと、日本ハムの一員になれたみたいです」。苦しんできた重圧から解放された思いがにじんでいた。

鮮烈すぎるルーキーイヤーの22勝8敗4セーブ、防御率2・28の大活躍から一転、10勝10敗、防御率4・77と苦しんだ2年目。当時も決して浮かれていたつもりはなかったが、引退後、改めて冷静に振り返り、こう語った。

「天狗になったつもりはないのですが、1年目が終わってからの練習に取り組む姿勢が十分ではなかった。練習は嘘をつかない、と昔から言われていますが、その通りですよ。自分を律していなかった。まだ26歳で疲れはなかったし、老け込む年でもなかった」

当時の日本ハムでは他に全国区のスターと呼べる選手がおらず、1980年のオフに取材やイベント出演などが集中してしまったのも、翌年以降のことを考えれば不運だった。「オフになると取材がたくさんあって、一日3本も4本も受けていました。日本ハムにそれだけのスターがいなかったから、しょうがないんです。オファーがあったら、全部OK。週刊誌で誰々と対談だ、テレビの歌合戦の収録だ、と毎日ですよ。ここぞとばかりに球団も〝日本ハム〟をアピールしたかったんじゃないですか」。

結局、81年の10勝が自身にとって最後の2桁勝利になった木田。ただ、1年目に自ら巻き起こした旋風の「反動」に悩まされ、もがいた末に手にしたリーグ優勝決定試合の白星は、ひときわ輝くものになった。

柏原の勲章

もう一人、重圧と闘い続けてきた男に、一つの勲章が与えられた。第1戦と第5戦に決勝打を放った選手会長兼主将で四番の柏原が、プレーオフのＭＶＰに選ばれたのだ。南海時代の77年オフには恩師の野村監督が更迭の憂き目に遭い、一時は現役引退も考えた。野村の説得により翻意し、新天地で花開いてチームの大黒柱となった。

「これまでの苦労も、これで報われました。おまけにＭＶＰまでもらえるなんて、最高の気分です。野球をやっていて、本当によかった。あの時に辞めていれば、こんな感激も味わえなかった」

熾烈な優勝争いを繰り広げていた後期の終盤には好きな酒もろくに飲めず、眠れない夜を過ごした日も少なくない。リーグ優勝で、全ての苦労が報われた。

「座頭市でいく」 後楽園シリーズ

プレーオフを制した10月13日。大沢監督は、わずか4日後に開幕する巨人との日本一決戦に向けて「巨人の資料（データ）も全くないが、今の勢いで相手にぶち当たっていくだけだ。闘志なき者は去れ！〝およしなさいよ……〟じゃねえけど、座頭市でいく。再び挑戦者精神や」と宣言した。

目が不自由で、残りの「四感」を研ぎ澄ませて敵たちをなで斬った剣豪の姿を、事前準備やデータが不十分な状況で戦う姿を重ねた。何とも大沢親分らしいたとえである。また、口ずさんだ歌詞「およしなさいよ　無駄なこと」の一節がある「座頭市」のテーマ曲には、こんなセリフもある。

「俺たちゃな　御法度の裏街道を歩く渡世なんだぞ　いわば天下の嫌われもんだ」

天下の嫌われもん、と捉えていたのだとしたら自嘲が過ぎるが、少なくともアマチュア選手には敬遠されがちだったチーム。パ・リーグで長く低迷が続きながら、同じ後楽園球場を巨人とともにしてきた歩みは、巨人と比べれば日なたと日陰、表街道と裏

▲ナインに胴上げされる大沢啓二監督

街道といえるのかもしれない。史上初の「後楽園シリーズ」に臨む日本ハムの将として、単に「挑戦者精神」と表現するだけでは伝わらない味わいがあった。

情報戦で後れを取っていたのは、紛れもない事実だった。セ・リーグのペナントレースを独走し、9月23日に日本シリーズ進出を決めた藤田元司率いる巨人は、38ページに及ぶ日本ハムの資料を全員に配布していた。一方、3日前に勝ち抜いたばかりの日本ハムは、前身の東映で日本一に輝いた1962年に捕手だった先乗りスコアラーの安藤順三育成部主任すら、1試合も巨人の試合を見ていなかった。開幕前日の10月16日、某テレビ局に選手全員が出向いて巨人のビデオを見て研究した程度。ただ、プレーオフの疲労が蓄積していたナインのほとんどは、あくびをかみ殺し、身が入っていなかった。

波乱の開幕＝日本シリーズ①日本ハム6X―5巨人

巨人が先攻、日本ハムが後攻で迎えた日本シリーズ第1戦。巨人の先発は20勝を挙げるなど投手部門のタイトルを総なめした26歳のエース右腕・江川卓だ。対する日本ハムは35歳の高橋一。巨人にはプロ入りから１９７５年まで11年間在籍し、69~73年の５年間には計83勝を挙げるなど、65~73年の９年連続日本一に大きく貢献した。待ち焦がれていた古巣との対戦だった。

幸先よく先制したのは日本ハム。初回二死無走者から、ソレイタが江川の甘く入ったカーブを捉えた。左翼席へ運ぶ先制ソロアーチ。２冠王に輝いた助っ人は「僕もエガワのことはビデオで研究したんだぜ。メジャーリーグは研究と努力の繰り返しなんだ」とメジャー通算50本塁打のプライドをのぞかせた。

３回には島田が適時二塁打、４回には柏原が左越えにソロ本塁打を放って加点。いずれも江川の直球を捉えた。６回には菅野の適時内野安打でさらに加点。江川から４点を奪い、６回で降板させた。

高橋一は４回を除いて毎回走者を許しながらも、巧みに緩急を駆使して中盤まで巨人打線を抑えた。その流れが変わったのが７回。一死から江川の代打で出場した平田薫に右中間二塁打、続く一番・松本匡史にも左翼線へ二塁打を浴びた。この回は１失点でとどめたが、８回にも一死一、二塁のピンチを招いて降板。江夏に託したが、百戦錬磨のクローザーに、まさかの乱調が続いた。

山倉和博を中飛に封じて二死としたものの、江川の代打の後にも二塁を守って出場を続けていた平田薫に左中間へ2点二塁打を許す。さらに松本匡にも中前打され、4対4の同点に追いつかれた。「わしの調子が普通やったら、平田君にも松本君にも打たれんわい。ま、いつも完璧に抑えられるわけはないということや」。試合後の開き直ったような口調に、その裏にある悔しさが見え隠れした。

この年に各リーグのMVPを獲得することになる江川、江夏が打たれるという波乱が、せきを切ったような乱打戦を招いた。8回裏には巨人の2番手・加藤から、先頭の岡持が一時勝ち越しとなる右越えソロ。しかし、9回表には江夏が先頭の代打・松原誠に初球を左越えへソロ本塁打された。

悪い流れを断ち切るため、ここで大沢が動いた。江夏に代え、マウンドに21歳の工藤を送ったのだ。「大投手でも、あんなことがあるんだなあ。あそこは江夏と巨人打線のタイミングがピッタリ合っとったから、思い切って代えたんだ。普通ならあれで（流れが巨人にいって）おしまいなんだが、あの時は、江夏を代えても何とかなるような気がしたから不思議だった」（大沢）。工藤は期待に応え、二死一、三塁のピンチを招きながらも追加点を許さなかった。

5対5で迎えた9回裏、マウンドにはセ・リーグの最優秀救援投手に輝いた左腕・角盈男（すみ・みつお）がいた。しかし、工藤の力投に打線が応えた。一死後、ソレイタに代わる守備固めとして出場していた服部が中前打で出塁すると、続く四番の柏原は四球。一死一、二塁から、大沢は左打ちの岡部に代打・井上を送った。前年の1980年まで中日でプレーしていた37歳は、落ち着き払っていた。「角はボールが先行してコントロールが悪い。これは真っすぐを狙うべきだと思った。おっさん（大沢監督）がよう使ってくれたぜ」。2球ボールが続いた後、3球ファウル。6球目のインハイの直球を狙い打ちすると、左翼線へのサヨナラ打に。激しい点の取り合いに、ベテランの伏兵がけりをつけた。代打サヨナラ打は日本シリーズ史上、28年ぶり2人目（当時）の快挙だった。

助っ人競弾＝日本シリーズ②巨人2―1日本ハム

前日の乱打戦から一転、張りつめた投手戦が繰り広げられた。日本ハムはプレーオフも含めて16勝0敗の「勝率10割男」間柴が先発。巨人は18勝（12敗）、防御率2・

58といずれも江川に次ぐ2位の好成績を残した西本聖だ。

まずは初回二死、第1戦と同じ状況からソレイタが左越えに先制ソロを放った。2ボール1ストライクから、真ん中寄りのシュートをスタンド上段まで運んだ。「ニシモトはシュートを打たなければならない投手。今はどんな投手も怖くない」。外角の変化球対策として、「少し短めのバットを使ってみた」と準備が実った。実は、他のナインが疲労や睡魔と闘っていたシリーズ開幕前の「ビデオ研究会」で唯一、熱心にメモを取りながら巨人投手の特徴を確認していたのが、ソレイタだったという。

しかし、西本は崩れなかった。「あの球だけ甘かった。悔しい」と2回以降はシュートが本来の威力を発揮し、日本ハム打線を封じ込めた。一方、間柴はスライダー、フォークを駆使して要所を抑え、7回までゼロを並べた。8回も簡単に二死を奪ったが、勝利まで「あと4人」のところでつかまる。甘く入ったスライダーを中畑清に左翼フェンス直撃の安打とされ、続く五番・ホワイトに初球の外角シュートを右翼席に逆転2ランされた。「外国人の初球は気をつけていたつもりなんだけど……。完全にヤマを張られていた感じ。これで僕のツキも落ちてしまったようですね」（間柴）。9回二死からまたもソレイタが、ようやくチームの2本目の安打となる右翼フェンス上部直撃の二塁打を放って気を吐いたが、及ばず。二死一、二塁から服部が空振り三振を喫し、毎回の10三振。西本に完投勝利を許した。皮肉にも、決勝弾を喫したホワイトは、ソレイタ、クルーズとともにヤンキースの球団幹部から推薦された選手だ。ソレイタ、クルーズも十分な活躍をしただけに、「ホワイトをとっておけば……」とはならなかったものの、獲得候補に挙がっていた男が、日本シリーズ制覇に向けて立ちはだかるという運命の巡り合わせがあった。

奇策と脇役＝日本シリーズ③日本ハム3―2巨人

2勝目を挙げた試合後、大沢監督はこう評した。「パチンコの玉が全部入ったような、会心の試合だったな」。言い得て妙である。打った手がハマる場面もあり、想定を超えるラッキーもあり。そんな白星だった。

先攻と後攻が入れ替わり、ベンチも日本ハムが一塁側から三塁側に移った第3戦。日本ハム・岡部と巨人・定岡正二が先発した。岡部は初回、中畑に左越えへ先制2ランを被弾。2点を追う2回、親分が仕掛けた。先頭の五番・井上が四球を選ぶと、次打者の古屋を打席に迎えた場面でヒットエンドランを敢行。古屋が三遊間を破ると、スタートを切っていた井上は間一髪、三塁を陥れた。大宮は遊直に倒れたが、一死一、三塁から再びエンドラン。打席の菅野は高いバウンドの一ゴロを放ち、三塁走者を生還させた。レギュラーシーズン中にも何度もエンドランを成功させ、点をもぎ取ってきた大沢監督は「うちは大砲が少ないから、走って走って走りまくらにゃならんのよ。その精神は全員に徹底している」と満足げに話した。

4回に一死満塁の好機を迎えると、さらに勝負をかけた。八番の菅野に代打・岡持を、続く岡部には代打・加藤を送った。しかし、岡持は一飛、加藤は空振り三振で逸機。嫌な流れになったが、4回一死一、二塁の好機で、菅野に代わって二塁に入っていた「守備の人」鍵谷康司（かぎたに・こうじ）が予想外の大仕事を果たした。フルカウントからスライダーを捉えて右翼線へ逆転の2点二塁打。「ベンチの指示が〝スライダーを打て〟。真っすぐがきたら打てなかったでしょうね。それにしても、僕のバッティングが話題にされるのは初めてだなあ。守りしか自信がなかったもの」。一方、打たれた定岡は「そんなに悪いスライダーじゃなかったのに…。狙われていたように、うまく打たれちゃった」とショックを隠せなかった。

投手陣は岡部の後を高橋里、村上、工藤とつなぎ、8回からは江夏がマウンドへ。2番手以降の4投手は無失点で抑え、逆転勝ち。2回を投げた工藤は早くも2勝目、江夏は今シリーズ初セーブを挙げた。大沢監督は「代打失敗の後に入った守備の人が打つんやからな。ま、それが日本ハムのツキじゃないの」と笑い、最後を締めた江夏は「いつも打たれちゃ試合にならんよ。ここでやらんで、どこで気合を入れるんや」とクールに話した。

拙攻、拙守＝日本シリーズ④巨人8―2日本ハム

黒星が先行した巨人に、2つの大きな「変化」があった。一つはスタメン。レギュラーシーズンで打率・357をマークし、首位打者の阪神・藤田平にわずか1厘及ばず2位に終わった三番打者・篠塚利夫（のちに和典）をスタメンから外し、左腕キラーの平田を代役の三番に据えたのだ。第1戦では高橋一と江夏に痛打を浴びせ、第2戦では得点にこそつながらなかったが、間柴から安打を放っていた。日本ハムの先発・木田に対し、見事に真価を発揮する。初回に左前打を放つと、3回には二死から左中間

席へ先制ソロを運んだ。1981年のシーズン、29試合の出場で打率・237、3本塁打、5打点の成績だった平田は「三番なんて初めて。ブルッちゃいましたよ。でも、相手が左の木田だから、何とかなると腹をくくっちゃった」と会心の笑みを浮かべた。

もう一つの「変化」は、巨人先発の江川。第1戦とは、直球の切れも球威も、明らかに違う。4回に柏原が高めに入ったカーブを同点ソロとしたものの、5回までに日本ハム打線はこの1安打のみに抑えられた。

木田に代わって5回から登板した2番手・成田文男が河埜和正にソロ本塁打を浴び、1対2に。試合が大きく動いたのは7回だ。まずは表の攻撃で作戦が裏目に出る。一死一塁から古屋の打席でヒットエンドランを仕掛けたが、巨人バッテリーに高めに外されて一塁走者の柏原は憤死。その裏の守備では、4番手の宇田が無死一塁から一塁走者・河埜をけん制球で誘い出したものの、一塁手・柏原が深追いしすぎて二塁に生かしてしまう（記録は二盗成功）。ここで投手を杉山に交代すると、さらに一死二塁からは遊ゴロを処理した高代が三塁へ送球すると、わずかにそれて野選。ホワイトへの四球で一死満塁となって淡口憲治に2点二塁打を浴びると、新人の原にシリーズ初本塁打となる左越え3ラン、続く山倉にもソロ本塁打を許した。この回6失点。試合が決まった。

藤田監督は「打線を組み替えたのは、木田の先発が読めたことと、平田のラッキーボーイ的なツキを重視したから」と満足げ。大沢監督は「7回にミスが重なったのが痛かったな」とこぼした。

続く悪循環＝日本シリーズ⑤巨人9―0日本ハム

日本ハムにとっての悪い流れは、第5戦も変わらなかった。先発の高橋一は初回二死一、三塁から暴投で先制点を失うと、2回には二死二塁から相手先発の西本にポテンヒットによる適時打を許す。5回には平田に左中間へのソロ本塁打、柴田勲には右前へポトリと落ちる適時打を許すなど、4回⅓を5失点でKOされた。高橋一は「(平田には）外すつもりの直球がインコースの甘いところにいってしまった。このシリーズは、どうもツキがないな」と悔しがった。

打線は西本に対し、13安打を浴びせながらも無得点で完封を許した。13安打完封は、もちろんシリーズ記録。その珍記録を後押ししてしまったのは、4併殺を含む日本ハムの拙攻だった。中でも、0対1で迎えた2回無死一、三塁ではカウント3ボール1ストライクからヒットエンドランを仕掛けたが、ボール気味のカーブを叩いて投ゴロに。中途半端に飛び出した三塁走者・柏原が三本間で挟殺された。大沢監督は「今日はうちの厄日や。打線の若さが出てしまった。古屋はボール球だから打たなくても…」と振り返り、柏原は「ヒットエンドランのサインだった。でも、こういう場面で出たのは初めての経験だったなあ」。投打ともにちぐはぐな一戦で、巨人に王手をかけられた。

運も尽きた＝日本シリーズ⑥巨人6―3日本ハム

もう落とせない一戦。日本ハムはこのシリーズで、先発では最も安定していた間柴に託した。しかし、負の連鎖は続いた。2回の守り。先頭のホワイトを死球で出塁させると、柴田の左前への緩い飛球に左翼手の井上が突っ込まず一、二塁に。さらに原の遊撃左へのゴロを高代がはじいて満塁となった。2本とも記録は安打となったが、ミスに近かった。ここで篠塚の適時打、山倉の犠飛、さらに河埜への押し出し四球で一挙に3失点。この回限りで降板した間柴は「指に力が入ってしまった。あれでツキが落ちてしまった」、右膝の故障を押して出場していた高代は「でも、あの打球は捕らなくては…」と悔やんだ。

3回からは、シリーズ2勝を挙げていたラッキーボーイ・工藤が登板。しかし、2死一塁から原にシリーズ2号となる2ランを左越えに浴び、流れを断ち切れず。「第5戦で内野安打になったのと同じシュートを打たれた。それを覚えていて狙ったのではないか」と悔し涙を流した。

3番手で登板した岡部は4回から6回までは無失点と好投。6回無死の場面では、第3戦に1打席対戦して捕邪飛に打ち取っていた原との2度目の「東海大相模対決」が実現。「(レギュラーシーズン中に)覚えたてのフォーク」で空振り三振に奪ったが、1対5で迎えた7回、先頭の河埜に手痛いソロアーチを喫した。

打線は中3日でマウンドに上がった江川に対し、6回に井上がソロ本塁打を放ってようやく反撃。しかし、遅すぎた。第1、4戦でアーチを放っていた柏原は「その時は気持ちが入っていなかった。日本一がかかった第6戦では別人のようでしたね。手も足も出ない。僕がすごい投手だと思ったのは、江夏さんと江川の2人ですよ」と回想。第6戦は4打席対戦して見逃し三振、一邪飛、右飛、四球と3打数無安打に終わった。

3対6の9回に江夏がマウンドへ上がり、1回を無失点。奇跡の逆転劇に期待しての起用だった。先頭の高代が左翼線に二塁打を放ち、江夏の代打・服部の二ゴロで高代が三進。しかし、島田が一飛で後がなくなる。二死三塁で、途中出場していた五十嵐信一が打席に入った。1977年ドラフト外で入団し、プロ4年目の五十嵐は、79年4月23日のイースタン・リーグの対戦（多摩川）で、公式戦初のホームランを浴びせた男だ。しかし、2球で追い込まれてからインハイの直球にバットを真っ二つに折られた。「〝ガッ〟という手応えがあった。何かが飛んでいった手応え。でも、見たら飛んでいったのはバットの先」と苦笑い交じりに回想した。打球は江川の頭上にフラフラと上がる小飛球。駆け寄る捕手・山倉、一塁手・中畑、三塁手・原を制し、江川が自らウイニングボールをつかんだ。巨人はV9最後の年である73年以来の日本一を決め、日本ハムのシリーズ初制覇の夢はついえた。

大沢監督は「第4戦から流れが変わったな。負けて残念だが、選手はよくやってくれた。巨人はきちっとした野球をやるいいチームだった。この経験を来年に生かしていきたい」と振り返った。シリーズの敢闘選手に選ばれた井上は「勝負は勝たなあかん。負けて賞をもらっても、喜ぶわけにはいかん」と悔しがり、江夏は「巨人には心からおめでとうと言いたい。悔しいが、敗者の勝者に対する礼儀や。もっともっと力をつけて来年、また日本一に挑戦したいな」と話した。

1981年 日本シリーズ試合結果

【第1戦】10月17日(土)　後楽園　試合開始13:00(3時間1分)

巨人	0	0	0	0	0	0	1	3	1	5
日本ハム	1	0	1	1	0	1	0	1	1X	6

▶投手　(巨)江川、加藤初、角　(日)高橋一、江夏、工藤
勝利投手/工藤(1勝)　敗戦投手/角(1敗)
▶本塁打　ソレイタ1号(江川)、柏原1号(江川)、
岡持1号 (加藤初)、松原1号(江夏)

【第2戦】10月18日(日)　後楽園　試合開始13:00(2時間51分)

巨人	0	0	0	0	0	0	0	2	0	2
日本ハム	1	0	0	0	0	0	0	0	0	1

▶投手　(巨)西本　(日)間柴、工藤
勝利投手/西本(1勝)　敗戦投手/間柴(1敗)
▶本塁打　ソレイタ2号(西本)、ホワイト1号(間柴)

【第3戦】10月20日(火)　後楽園　試合開始13:00(3時間23分)

日本ハム	0	1	0	0	0	2	0	0	0	3
巨人	2	0	0	0	0	0	0	0	0	2

▶投手　(日)岡部、高橋里、村上、工藤、江夏　(巨)定岡、加藤初、角
勝利投手/工藤(2勝)　セーブ/江夏(1S)
敗戦投手/定岡(1敗)
▶本塁打　中畑1号(岡部)

【第4戦】10月21日(水)　後楽園　試合開始13:00(3時間6分)

日本ハム	0	0	0	1	0	0	0	1	0	2
巨人	0	0	1	0	1	0	6	0	X	8

▶投手　(日)木田、成田、村上、宇田、杉山、高橋里　(巨)江川
勝利投手/江川(1勝)　敗戦投手/成田(1敗)
▶本塁打　平田1号(木田)、柏原2号(江川)、
河埜1号(成田)、原1号(杉山)、山倉1号(杉山)

【第5戦】10月23日(金)　後楽園　試合開始13:00(2時間48分)

日本ハム	0	0	0	0	0	0	0	0	0	0
巨人	1	1	0	0	3	0	0	4	X	9

▶投手　(日)高橋一、工藤、木田　(巨)西本
勝利投手/西本(2勝)　敗戦投手/高橋一(1敗)
▶本塁打　平田2号(高橋一)、山倉2号(木田)、篠塚1号(木田)

【第6戦】10月25日(日)　後楽園　試合開始13:00(2時間36分)

巨人	0	3	2	0	0	0	1	0	0	6
日本ハム	0	0	0	0	0	1	0	2	0	3

▶投手　(巨)江川　(日)間柴、工藤、岡部、高橋里、江夏
勝利投手/江川(2勝)　敗戦投手/間柴(2敗)
▶本塁打　原2号(工藤)、井上弘1号(江川)、河埜2号(岡部)

＊第5戦は雨天順延。第6戦も1日繰り下げ

オレンジ軍団、後期連覇（1982年＝2位）

前期、後期とも2位に終わった1980年のレギュラーシーズンで日本ハムの観客動員は、先述の通り151万8000人。これは、79年に福岡市から埼玉県所沢市に移転した西武ライオンズの152万4000人にこそ及ばなかったものの、球団史上初の150万人超えという堂々の数字だった。それが、日本ハムとして初のリーグ優勝を果たした翌81年は、137万4500人。前年比90・5％と落ち込み、「少年ファイターズ」の会員数も1万4812人で前年比68・4％まで減ったという。

球団サイドが憂慮していたことが、目に見える数字に現れた形となった。「あと1勝」で逃した1980年のオフ。その年の応援に感謝を示しつつ、翌年度のファンクラブ募集も兼ね、当時の恒例行事となっていたファンとの交流会が、中止になったのだ。理由は、現場の協力態勢が困難になったため。大沢監督はチーム強化の業務に追われ、タイトルを総なめした木田はメディア出演で忙殺され、他の選手も個々のオフの行事で忙しくなったという。向ケ丘遊園など東京都内3カ所でのイベント開催を断念せざるを得なかった。グアムでの野球教室は前年に引き続き行われたが、これはあくまで小規模の特定のファンクラブ会員を対象としたものだった。折しも、他球団も子供のファンクラブ会員の募集を強化しており、差別化を図るのが難しくなっていた。

皮肉な悪循環、とでも言うべきか。1981年1月に江夏の獲得が正式に発表されると、一気に優勝への期待が高まり、現場から球団へ要請が出た。「選手たちには試合に集中させたいので、選手への負担になるようなことは避けてほしい」。すべては優勝のために――。初めて現実的になった目標に向かって、チームが一丸となるために――。球団側も初めて経験する状況だけに、当時は受け入れるしかなかった。江夏や木田ら目玉選手たちが直接ファンと接触するようなファンサービスが企画から除外され、代わりに各種プレゼントや「球場結婚式」「鳴門デー」「沖縄デー」などのプロモーション企画を例年以上に活発化させた。選手たちはグラウンドで死力を尽くし、球団も知恵を絞り、リーグ優勝を遂げたが、観客動員はダウンという結果に。チーム強化とファンサービス充実の両立。ファイターズに課された大きな宿題は、長きにわたって残されることになった。

「燃える」新ユニフォーム

リーグ連覇、そして悲願の日本一へ。大規模な補強はなかったが、いくつかの大きな変化はあった。一つは、春季キャンプを沖縄県名護市に一本化したこと。もう一つは、これまで赤、濃紺（ネイビー）、水色（スカイブルー）を基調としていたユニフォームの、大胆なイメージチェンジだ。当時、大リーグで「未来型」として注目を集めていたヒューストン・アストロズのレインボーカラーのユニフォームを参考にした新デザイン。ホーム用は白でシャツの上着にはオレンジと黄色の横縞で、ビジターは上着がオレンジで白と黄色の横縞である。

オレンジと黄色を組み合わせたユニフォームのメインカラーは「バーニング（燃える）カラー」と名付けられた。このデザインは、一部マイナーチェンジを加えながら1992年まで使用された。

前期不調、再び

〈81年〉

一（三）古屋英夫
二（中）島田　誠
三（一）柏原純一
四（右）クルーズ
五（指）ソレイタ
六（左）井上弘昭
七（捕）加藤俊夫
八（遊）高代延博
九（二）菅野光夫
投　高橋一三

〈82年〉

一（中）島田　誠
二（遊）高代延博
三（右）クルーズ
四（一）柏原純一
五（指）ソレイタ
六（三）古屋英夫
七（左）岡持和彦
八（捕）大宮龍男
九（二）菅野光夫
投　高橋一三

4月3日の西武との開幕戦（後楽園）。開幕スタメンを前年と比べても、新たな戦力はいない。逆に、30歳の岡持が1976年以来6年ぶりに名を連ねた。あいにくの雨に見舞われ、先発の高橋一が3回途中6失点でKO。4回までに0対7と大敗ムードだったが、四番・柏原が4安打6打点と大暴れするなど10対7で逆転勝ちした。1勝1敗で迎えた開幕3戦目の同カードでは、工藤が8回5安打1失点で今季初勝利。日本シリーズでリリーフとして2勝を挙げ、高卒4年目を迎えた下手投げ右腕が、好スタートを切った。

4月は9勝10敗1分け、5月は12勝12敗1分け。4連勝は2度あったが4連敗も2度喫するなど、安定しなかった。6月は11勝7敗2分けと盛り返し、前期は32勝29敗4分け。前年と同じ4位に終わった。勝ち星が伸びなかった一番の要因は、前年に活躍した先発陣の不調である。高橋一は4勝4敗で防御率5・82、間柴は2勝6敗で防御率5・00、岡部は1勝4敗で防御率4・19、木田は4勝6敗で防御率3・10。1981年の10勝カルテットがそろって苦しんだ。

大ブレークからの孤軍奮闘

苦しむ先輩たちを尻目に、工藤は前半戦で10勝3敗、防御率1・91をマーク。一人で「貯金7」を稼ぎ出した活躍がなければ、前期は4位はおろか、借金生活に落ち込んでいたかもしれない。その工藤は、前年の1981年に11度の先発を含む22試合に登板して2勝9敗、防御率4・86。チャンスを生かしきれず、後期は主に中継ぎに回った。そこでコツコツと好結果を重ね、同年9月16日の西武戦（後楽園）で6回⅔を2失点に抑えて2勝目をマークし、チームはマジック5を初点灯。「優勝のために一つ一つの試合を勝つことで、みんな夢中だったと思う。自分なりに、勝つ、ということが少しは理解できました。勝つことの難しさと、その後の満足感を、みんなの中の一人として素直に感じました」。さらに日本シリーズでも2勝をマークし、82年への大きなステップになった。優勝争いが、新たにチームの中心となる若き右腕を成長させていた。

工藤は6月に無傷の4勝を挙げて月間MVPを獲得すると、7月には6連勝で2カ月連続の同賞受賞。連勝街道は9月5日のロッテ戦（後楽園）で4敗目を喫するまで、「14」に達した。直前に挙げた8月29日の阪急戦（西宮）での白星は、大台の20勝目となった。チームは7月20日に阪急を抜いて首位に浮上。そのまま独走し、8月24日には早々にマジック25が初点灯した。9月28日のロッテ戦（後楽園）に6対5で勝ち、2年連続の後期優勝を決めた。

20勝4敗、防御率2・10の工藤が最多勝と最高勝率（・833）に輝いたのに加え、先発とリリーフでフル回転した移籍2年目の高橋里が防御率1・84（8勝5敗）で最優秀防御率のタイトルを獲得。江夏は55試合に登板して8勝4敗29セーブ、防御率1・98と前年をはるかに上回る好成績をマークし、リーグをまたいで4年連続の最優秀救援投手に輝いた。防御率1点台は阪神時代の1969以来13年ぶり。リリーフ転向後は初めてだった。野手陣は、打撃部門の主要タイトルこそなかったものの、柏原、クルーズ、ソレイタのクリーンアップはこの年も元気で、投手陣を支えた。

奇襲先発

前期優勝の西武と相まみえるプレーオフ。西武を率いるのは、就任1年目で躍進に導いた広岡達朗だ。「管理野球」と呼ばれたチームマネジメントは、集団行動の規律を重視。それは食生活にも及び、玄米食や自然食品の摂取をチームに求め、肉の摂取量を制限したという。これに対し、親会社が食肉メーカーの日本ハムである大沢監督が、黙っているはずがない。「あんな野菜ばっかり食ってるヤギさんチームに負けてられるか」とコメントするなど挑発。ミーティングでも「おまえら、あんなヤギさんチームに負けんじゃねえぞ、俺たちは肉を食ってんだからよ」とハッパをかけた。

懸念されたのが、2桁勝利が工藤だけだった先発投手陣。しかも、工藤は4敗目を喫した9月5日のロッテ戦（後楽園）を最後に、レギュラーシーズンの登板がなかった。その数日後、右手小指を骨折したのだ。診断は全治4週間。10月9日に開幕する、前期優勝の西武と対戦するプレーオフでの登板は絶望的と思われていた。前日まで自軍のチームメートの前でも患部に包帯を巻き、調整もろくにできないように振る舞っていたからだ。しかし、20勝4敗の工藤は大黒柱。西武にも6勝1敗と好投していた。大沢監督は、投手コーチらにかん口令を敷き、極秘で調整させた。

当時は予告先発ではなく、互いの先発投手は試合直前のメンバー交換まで公表されない。迎えた10月9日の第1戦。舞台の西武球場で工藤の名前が発表されると、場内はどよめきに包まれた。ファンだけでなく、報道陣も、もちろん西武ベンチも。誰もがプレーオフでの工藤の先発は無理と思っていたため、西武のルーキー・工藤公康の先発と勘違いしたファンや報道陣もいた。

江夏対策

22歳の20勝右腕は「九分通り回復した、いけます」と力強く話して第1戦のマウンドに立った。登板が絶望的のように見せていたのは事実だが、完治していないのも事実だった。それでも、実戦から1カ月以上遠ざかったブランクを感じさせず、6回まで西武打線をわずか2安打に封じる。0対0で迎えた7回、先頭の山崎裕之に三塁強襲安打を許したところで、江夏に託して降板した。

結果的にはこれが裏目に出た。江夏は7回を抑えたものの、8回につまずく。先頭のテリーを左中間へのポテンヒットで出塁させると、広岡西武は、江夏対策として用意していた秘策を繰り出す。太めの体形の足元を狙ったバント攻めである。片平晋作が江夏と三塁手・古屋の間にプッシュバントを試み、これが内野安打に。続く西岡良洋の送りバントはセオリーではあるものの、しっかり投前に転がして江夏に処理させ、疲弊させた。さらに次打者の黒田正宏は、スクイズの構えを見せて警戒させた上で四球を選んだ。当時、三塁手の古屋は江夏に「僕は三塁側は全部処理しますんで、江夏さんはバントの構えをされたら一塁側にスタートを切ってください」と打ち合わせていたが、偶然か意図的か、片平のバントはその間を突く遊撃方向に落ちた。今、振り返れば、冷静に考えられる。「ちょっと広岡さんの作戦を意識しすぎた。バント攻撃とか、アウトを一個一個取っていけば、そんなに難しくなかったかなと。〝何かやるんじゃないか〟という意識がこちらの方が強かったのかなと思う」と古屋。ただ、当時は江夏も含め、チーム全体が浮き足立ってしまった。

江夏はクリーンヒットされずに迎えた一死満塁のピンチで、代打・大田卓司に先制の中前2点打を浴びた。続く石毛にも左前へ適時打され、ここで江夏は交代。3番手の川原昭二も痛打され、この回一挙6点を失うと、そのまま0対6で敗れた。江夏は「片平の（バント）は警戒しとったんだがな。明日もある。ただではこけんよ」と悔しがった。

一方、相手の先発は1980年のオフに江夏とのトレードで交換相手となって広島に移籍し、この年の6月から西武でプレーしていた高橋直だった。広島での1年半では合計2勝と振るわず。パ・リーグに復帰後、17試合に登板して7勝2敗1セーブ、防御率2・27と37歳にして復活。古巣相手のプレーオフの初戦先発を任されたマウンドでも、5回⅔を3安打無失点と、好投を披露した。高橋は「この試合だけは絶対に負けたくなかったし、気迫で圧倒したつもりです」と振り返り、「広岡監督は早稲田（大学）の先輩で、トレードで来たばかりの僕に大事な初戦を任せてくれたのもうれしかった。意地を見せろ、ということだったのでしょう」と指揮官に感謝した。

雪辱を期した江夏だが、悪い流れを変えられない。10日の第2戦（西武）。好投を続けていた高橋里が2対1と1点リードで迎えた8回二死一塁で降板すると、2番手でマウンドに上がった。しかし、田淵に左前打を許し、中継プレーのミスもあって二、三塁に。テリー四球の後、またしても代打・大田に中前へ運ばれた。7回に飛び出した古屋の勝ち越し本塁打も空砲に終わり、２連敗。王手を掛けられた大沢監督は「意外な結果になったが、負けるときはこんなもんや。もちろん明日だって、同じ形になれば江夏でいくよ」と気丈に話した。

雨天順延を挟み、舞台を後楽園に移して迎えた12日の第３戦（後楽園）。負けられない日本ハムは、中２日で工藤を先発に立てた。右手小指の腫れは引いておらず、直球に本来の球威はない。シュート、カーブ、シンカーで巧みに西武打線をかわした。「決して体調は良くなかった。スピードもないので緩急の差をつけて投げた。これまでチームに随分、迷惑をかけたから、そのお返しをしなければと思っていたんです」。工藤は１対０で迎えた５回、石毛宏典に一時同点の適時二塁打を浴びたものの、裏の攻撃で打線が奮起した。二死二塁から、不振のため一番から九番に降格となっていた島田が相手先発・杉本正のシュートを左翼線にはじき返し、勝ち越しの適時二塁打とした。この援護に応え、工藤は９回１０９球を投げ、７安打１失点で完投勝利。前年日本シリーズで２勝を挙げた「ポストシーズン男」が健在ぶりを示し、１勝２敗とした。

しかし、レギュラーシーズンを通じての課題だった先発陣の不調という課題が最後も出てしまった。14日の第４戦（後楽園）は過去３試合とは一転して打撃戦に。０対

1で迎えた3回にクルーズ、ソレイタ、古屋の本塁打で一挙4点を奪って逆転した。しかし、4回に先発の高橋里がテリーにソロ本塁打を浴びて2点差に迫られると、2番手・高橋一も5回にテリーに被弾した。今度は満塁本塁打。これで流れは完全に決まってしまった。最終スコアは5対7。西武が3勝1敗でプレーオフを制し、西鉄時代の1963年以来、19年ぶりのリーグ優勝を遂げた。「西武は思った以上に投手が良かった。広岡体制になって4年目でリーグ優勝とは大したものだ。うちも、この悔しさを忘れることなく、来年にぶつけるよ」。大沢監督は潔く語った。

当時は知る由もなく、あくまで後年振り返って思うことではあるが、このチームでコーチを務めた古屋は言う。「(82年の)西武とのプレーオフに勝っていたら、また違った黄金時代ができたかもしれない。あそこで勝っていれば、黄金時代があと4、5年続いたかもしれない。あの負けからちょっと、ガタガタになってしまった感じがした」。

代わりにパ・リーグの覇権を長く握ることになったのは、このプレーオフを制した西武。1982年から2006年まで25年連続でAクラス入り、うち15シーズンでリーグ優勝、9シーズンで日本一を遂げた。

第4章　訪れなかった黄金期

1983年～84年

投手王国はどこへ（1983年＝3位）

＜82年＞

一（中）島田　誠
二（遊）高代延博
三（右）クルーズ
四（一）柏原純一
五（指）ソレイタ
六（三）古屋英夫
七（左）岡持和彦
八（捕）大宮龍男
九（二）菅野光夫
投　高橋一三

＜83年＞

一（中）島田　誠
二（遊）高代延博
三（右）クルーズ
四（一）柏原純一
五（指）ソレイタ
六（三）古屋英夫
七（捕）大宮龍男
八（左）二村忠美
九（二）榊原良行
投　工藤幹夫

１９８２年のオフには、日本ハムファイターズ創設以来初めて、トレードによる補強を行わなかった。主軸を張るソレイタ、クルーズが健在で、投手陣も本来の力を出せば大丈夫、との判断だったのだろうか。野手での開幕スタメンにおける変化は２人。81年オフにトレードで加入した、当時33歳の二塁手・榊原良行と、82年ドラフト３位で入団したルーキー・二村忠美が名を連ねたことだ。開幕投手は前年20勝の工藤に託された。

この年から前後期制ではなくなり、セ・リーグと同じ通年制になったパ・リーグ。４月９日の阪急との開幕戦（後楽園）は、工藤が８回一死まで６安打無失点と好投した。江夏とのリレーで２対０の完封勝利。開幕戦の完封勝ちは、ファイターズ初の快挙だった。二村も山田からプロ初安打を放ち、上々のスタートを切ったが、前半戦を終えた時点で35勝34敗と３分け。貯金１で２位につけていたものの、首位の西武には14ゲーム差と大きく離されていた。１９８２年の前期同様、先発陣の不調が目立った。開幕投手の工藤は４勝４敗で防御率４・35、高橋一は４勝２敗で防御率３・63、岡部は１勝４敗で防御率４・00、高橋里は４勝５敗で防御率３・93。木田に至っては６月

21日の近鉄戦（後楽園）で3回途中7失点でKOされ、プロ4年目で初の二軍降格を告げられた。

1981年に13勝2敗、防御率2・70と飛躍を遂げた岡部は、4勝5敗、防御率4・46と数字を大きく落とした翌82年、内転筋を痛めて出遅れた。徹底した走り込みで鍛えた下半身を土台にして好結果を重ねた右腕にとって、ここから大きく歯車が狂い、浮上のきっかけをつかめなかった。82年9月の骨折が完治しないままプレーオフで2試合に投げた工藤は、ケガを押して投げていた影響から、右肩を痛めていた。

先発陣の中で前半戦、唯一好調だったのが間柴。10勝5敗、防御率2・70をマークした。しかし、左腕の血行障害のため、8月2日に出場選手登録を抹消されると、同18日に手術を受け、以降この年に一軍マウンドに戻ることはなかった。37歳シーズンの高橋一、35歳シーズンの高橋里らに、さらなる上がり目を期待するのは難しい中で、一度結果を残した若手がつまずくと、その穴を埋める存在が出てこなかった。1982年は工藤がその役割を担ったが、突出した成績を残す存在は、そうそう輩出できるものではない。故障離脱によるリスクを回避するための戦力補強の問題か、好成績を持続するためのコーチングの問題か、はたまた故障を未然に防いだり最小限にとどめるたりするためのコンディショニングの問題か。おそらく、それぞれの要因が折り重なって、黄金期到来への道が狭まっていった。

ルーキー二村が躍動

8月には16勝5敗2分けと盛り返したが、9月は5勝11敗と失速した。西武に独走を許すとともに、最終的には阪急に抜かれて64勝59敗7分け（勝率・520）で3位。数少ない収穫は、二村の活躍だった。8月20日の阪急戦（後楽園）で受けた死球により左手人差し指の付け根を骨折し、1カ月半の長期離脱を余儀なくされたものの、シーズン最終盤に復帰して97試合出場で打率・282、13本塁打、35打点。新人王を獲得した。また、中継ぎの川原は自己最多の59試合に登板して11勝7敗2セーブ、防御率3・40と奮闘した。

親分が退任、江夏も去る

10月22日に全日程が終了し、そこから4日後の同26日。大沢監督は辞意を表明し、翌27日、球団に受理された。そのまま、来年度からの取締役強化育成部長に就任。現在で言う、GMに近いポストである。後任監督にはまず、立大の後輩で、1980年限りで巨人の指揮官を退いていた長嶋茂雄の招へいに動いた。しかし、当面はどの球団の監督の座にも就く考えはない、との意向を受けて断念。球団内部には、同じく巨人OBで、80年限りで現役引退後は野球解説者を務めていた高田繁を推す声があった。これには大沢が異論を唱えた。「監督、コーチの経験がなく、優勝を期待するのは無理がある。優勝の近道としては、新監督には外部招へいよりも、チーム事情をよく知り理解している者の内部昇格がベスト」。その進言が受け入れられ、植村義信投手コーチの監督昇格が内定。11月16日に就任が発表された。毎日、大毎でプレーした現役時代には56年に19勝5敗で最高勝率（.792）のタイトルを獲得するなど、3度の2桁勝利を含む74勝をマーク。引退後は大毎（のちに東京、ロッテ）を皮切りに阪急、ヤクルトで投手コーチを歴任し、80年から日本ハムの投手コーチに就任。木田、間柴、工藤らのブレークに尽力した。

フロントとしての大沢が、球界を驚かせる大きな手を打った。江夏の放出である。監督辞任に伴い、「一緒に辞めろ」と江夏本人に移籍するよう告げた。「優勝請負人」が2年連続でその使命を果たせなかったとはいえ、1983年には51試合に投げて2勝4敗34セーブ、防御率2・33の好成績。セーブ数は自己最多だった。誰よりも仰天したのが、江夏本人である。自著『燃えよ左腕　江夏豊という人生』（日本経済新聞出版）で、当時を回想している。シーズン後、退任が決まった「おやじ」の自宅へあいさつに出向いた時だった。

＜すると大沢さんは「おお、ちょうどよかった」と言って、とんでもないことを切り出した。

「おまえを広島から獲ったのは俺だ。俺が辞めるんだから、おまえも辞めろ」

何を言っとんだ、このおっさんは…。言っていることの意味が分からなかった。自分はこのまま日本ハムで投げ続けると思っていたし、自分が退陣するからおまえも辞

める、なんていう理屈があるだろうか＞

しかし、江夏は大沢の「親心」を理解しようとした。リリーフに失敗しても「俺が江夏を使っているんだ」と3年間守り続け、球場への行き来をともにするなど、孤高の守護神が存分に力を発揮できるよう、心を砕き続けていたからだ。

＜大沢さんには大沢さんなりの考えがあったようだ。3年間付き合って、それなりに江夏という人間の性格をつかんでいたのだろう。自分が監督のままならばいいが、新しい体制のもとで、江夏が力を出せるか。江夏がいたら植村監督がやりづらくないか。そんなことを考えた上で、トレードという結論に至ったのだと思う＞

12月13日、トレードによる江夏の西武入りが発表された。西武からの交換要員は1978年ドラフト2位の右腕・柴田保光と、同じく右投手の木村広。この時点で釣り合いの取れたトレードと捉えるのは難しかったが、広岡監督率いる西武で江夏は力を発揮できず、20試合で1勝2敗8セーブ、防御率3・65だった84年が現役最後のシーズンとなった。

監督交代→復帰の迷走（1984年＝6位）

〈83年〉

一（中）島田　誠
二（遊）高代延博
三（右）クルーズ
四（一）柏原純一
五（指）ソレイタ
六（三）古屋英夫
七（捕）大宮龍男
八（左）二村忠美
九（二）榊原良行
投　工藤幹夫

〈84年〉

一（中）島田　誠
二（遊）高代延博
三（左）クルーズ
四（一）柏原純一
五（右）二村忠美
六（三）古屋英夫
七（指）ブラント
八（捕）大宮龍男
九（二）白井一幸
投　田中幸雄

オフに江夏が移籍し、通算１６７勝の左腕・高橋一は現役を引退。４年間で１５５本塁打と活躍したソレイタも退団し、植村新体制で文字通りの再出発となった１９８４年の日本ハム。初代球団社長で、79年限りで社長の座を退いてからも球団代表や相談役としてチームを見守ってきた三原が２月６日に死去し、チームとしては何としても天国へ優勝の報告をしたかった。開幕スタメンでは新助っ人のマーシャル・ブラントが「七番・ＤＨ」、83年ドラフト1位のルーキー・白井一幸が「九番・二塁」に入り、開幕投手は81年ドラフト1位の右腕・田中幸雄が務めた。

３月31日、近鉄を後楽園に迎えて戦った開幕戦。田中幸は６回途中４失点と打ち込まれ、２対６で敗れた。ルーキーで開幕スタメンに名を連ねた白井は初打席で鈴木啓からプロ初安打を記録したが、白星にはつながらなかった。開幕３戦目、４月３日の阪急戦（西宮）で先発の岡部が６回$\frac{2}{3}$を２失点と好投し、新クローザー・川原が２回$\frac{1}{3}$を無安打４奪三振で無失点。植村監督に初白星をプレゼントしたが、なかなか波に乗れない。３、４月を10勝13敗２分けでスタートし、５月10日以降、シーズン終了まで最下位から抜け出すことができなかった。

開幕直後から低空飛行が続いた理由の一つとして、春季キャンプの失敗があった。島田は「植村さんはスマートで人格者だったのですが、春季キャンプで休日が一日もなかったんです」と当時を振り返った。大毎時代からの植村の盟友で、大沢前監督の立大時代の後輩でもある矢頭（やとう）高雄ヘッド兼打撃コーチの指示だった。

「植村さんは休ませたかった。僕は〝監督、たまには休ませてくださいよ〟と言ったら、監督は〝休んでいいぞ〟。すると、矢頭さんに〝ダメだ、休みなしと決めたんだから〟と邪魔されました。そうなると練習も集中できず、だらけますよ。開幕したら、弱かった。あのキャンプが間違いでしたね。矢頭さんも優勝するために何かを変えたかったんでしょうけど……」（島田）

開幕３カ月で親分復帰

５月22日の西武戦（西武）から６月５日のロッテ戦（後楽園）にかけて、２分けを挟んで８連敗。67試合で21勝37敗９分け（勝率・３６２）の不振の責任を取る形で、６月28日に植村監督の退任が発表された。28日近鉄戦（ナゴヤ）、29日西武戦（西武）

の2試合で矢頭ヘッドが監督代行を務めた後、翌30日の西武戦（同）からフロント職と兼務する形で大沢前監督が復帰した。この日はドラフト3位の高卒ルーキー右腕・津野浩が西武戦（西武）で3安打完封勝利。高卒新人の完封勝利は1972年の竹内宏彰（大洋）以来12年ぶりの快挙だったが、巻き返しへの起爆剤とはならなかった。7月10日のロッテ戦（川崎）から8月9日の同戦（岩手県営）まで、オールスター期間をまたいで14連敗（3分け含む）。7月7日の阪急戦（後楽園）で木田が7安打完投で3勝目を挙げてから、8月11日の南海戦（弘前）で今度は8年目の坂巻明が同じ7安打完投で5勝目を挙げるまで、実に35日間を要した。

44勝73敗13分け（勝率・376）で9年ぶりの最下位に沈んだ。この年は、投打ともに低迷。打線で目立ったのは打率・348、29本塁打、96打点でベストナインに選出されたクルーズくらいで、柏原も打率・227、18本塁打、68打点と低調に終わった。投手陣では2桁勝利がゼロで、勝ち頭は1982年ドラフト1位の右腕・田中富生の8勝（13敗）。シーズン終了とともに大沢は監督を退任し、取締役強化育成部長に専念するシーズン前の形に戻った。

新風を求めて高田監督招へい

10月26日、新監督に高田繁の就任が発表された。前年オフにも候補に挙がったが、見送られていた人事。球団としては、最下位に低迷した雰囲気を払拭し、新鮮な印象を与える人材を求めていた。その点、39歳と若く、端正な顔立ちでさわやかなイメージのある巨人のV9戦士である高田は最適な人選といえた。就任直後の千葉・鴨川秋季キャンプでは、初めてのミーティングで選手に訴えた。

「ハッスルプレーをしてもらいたい。一塁には必ず全力疾走で。できないことをやれ、とは決して言わない。ただ、できることをやらない人には罰金のペナルティーを課す」

青年監督が掲げたモットーは、「ハッスルプレーで自分にチャレンジ」。12月13日には、明大野球部の関係者らが発起人となって東京・新宿のホテル「センチュリー・ハイアット」で激励会が開催され、約800人が訪れた。恩師の明大野球部・島岡吉郎監督が「欠点のないのが欠点という男。みんなで応援してやってください」と呼びかけた。また、乾杯のあいさつに立った巨人・長嶋元監督は、自身が提案した左翼から三塁へのコンバートを成功させたことを挙げ「昭和50年のオフ、高田君は不可能と言われたコンバートに挑戦し、見事にやり遂げました。監督は選手に助けられる、と言いますが、私も高田君に助けられ、51年に優勝することができました。監督というのは大変厳しいものですが、あの時のチャレンジ精神で乗り切っていってください」とエールを送った。現役時代に「自分にチャレンジ」を成功させた新指揮官が、選手にもそれを求め、自らはチーム再建というチャレンジに乗り出した。

第5章　再建への助走

1985年〜87年

アピール合戦（85年＝5位）

高田監督を招へいした球団の思いとして、勝つこと以外に強く求めていたのが、ファンサービスである。リーグ優勝をあと一歩で逃した1980年を最後に、現場の協力が十分に得られなかった部分だ。高田は当時を振り返り「（ファンサービスについて）特に指示をされてはいないけれども、これはダメ、と言った覚えはありません」と話した。自身もグラウンドを離れても、時間の許す限り、ファンのサインや写真撮影を求められると丁寧に応じた。その原点には、巨人での現役時代に、王という偉大な手本がいた。多摩川の自主トレでは長い行列ができ、後楽園球場の駐車場でも「入り待ち」をするファンが多くいたが、王は急用など余程の事情がない限り、常にサインに応じていたという。

「ファンにサインを書けるように、球場に早く行っていたんですから。それを私も見習いました。王さんが〝今日はごめんね〟と言ったら、みんな納得していました。そういう姿勢は、王さんが手本になりました」

巨人はこうだった、は禁句

巨人で学んだファンサービスを体現しつつ、「巨人はこうだった」は禁句にすると決めた。巨人出身という色眼鏡で見られるのを避けたかったのに加え、巨人と比較することは、チームを率いる上でメリットがないと考えた。

「僕がいた当時は（巨人は）９年連続日本一になるようなチームでしたから、どこのチームであろうと比較のしようがありません。最初から一緒だとも思っていない。ましてや日本ハムは前年最下位のチーム。巨人スタイルを押しつけたら選手は当然、反発します。日本ハムの選手にもプライドがある」

周囲からの先入観を避けるべく「巨人は……」を封印し、自身もフラットな目線でチーム再建に臨んだ。

＜84年＞

一（中）島田　誠
二（遊）高代延博
三（左）クルーズ
四（一）柏原純一
五（右）二村忠美
六（三）古屋英夫
七（指）ブラント
八（捕）大宮龍男
九（二）白井一幸
投　田中幸雄

＜85年＞

一（中）島田　誠
二（遊）高代慎也　※延博から改名
三（右）パターソン
四（一）柏原純一
五（指）クルーズ
六（三）古屋英夫
七（左）岡持和彦
八（捕）田村藤夫
九（二）岩井隆之
投　津野　浩

4月6日のロッテ戦（川崎）で、1985年シーズンが幕を開けた。開幕オーダーの目玉は2つ。高卒8年目の田村を、前年まで4年間正捕手だった大宮に代わるスタメンマスクに起用したことと、高卒2年目の右腕・津野を開幕投手に抜てきしたことだ。田村については、大宮と比べて打撃はやや物足りなかったが「肩が良く、スローイングとキャッチングが良かった」と評価しての選択。「駒は足らないけど、生きの良い投手はいた」と期待する先発陣については、幸雄と富生の「81、82年ドラ1田中コンビ」らを含めた成長株の中で、最も若い津野を送り出した。開幕時は19歳8カ月。十代の開幕投手は、球団では東映時代の67年に森安敏明が務めて以来、18年ぶりだった。田村のリードに引っ張られた津野は抜てきに応え、6回⅔を1失点に抑えて勝利投手に。高田新監督の初陣で初勝利をプレゼントした。

初完封がノーヒッター

華々しい勝利から一転、高田ファイターズは開幕2戦目から8連敗という試練を迎えた。これが響き、8月上旬まで最下位に低迷。最終的には順位を一つ上げたが、上位争いが一度もできないまま西武の独走を許した。53勝65敗12分け（勝率・449）で5位。それでも、前年に比べると多くの光明があった。

6月9日の近鉄戦（後楽園）では田中幸がノーヒットノーラン。これがシーズン初勝利で、プロ初完封だった。西武から移籍2年目の柴田が11勝でチーム唯一の2桁勝利をマーク。チームの低迷により13敗と黒星が先行したものの、防御率3・28は堂々のリーグ3位だ。打線では古屋が127試合出場で打率・300、33本塁打、96打点とマークした。後半戦は主に四番を務め、本塁打と打点はキャリアハイの活躍だった。田村は104試合に出場して打率・286、9本塁打、45打点と課題の打撃でも及第点の成績。不振で出番が減ったかつての主砲・柏原に代わる一塁手として、1980年のドラフト外で東海大から入団していた岡部の東海大相模高時代のチームメート・津末が出番を増やし、105試合出場で打率・273で8本塁打、26打点と奮闘した。

柏原、木田が移籍

一方で、オフには優勝時を支えた主力がさらにチームを去ることになった。柏原は95試合出場で打率・216、5本塁打、18打点。阪神への金銭トレードが12月6日に発表された。「古傷が痛かったのもあったし、調子も悪かった。自分のせいで、それ以外の理由はないです。まあ、チームも若手が出てきて、世代交代の時期ではありました」(柏原)。同17日には大洋との2対2のトレードが決まり、右腕・金沢次男、左腕・大畑徹との交換で、木田と右腕・高橋正巳が移籍した。また、1980年からの在籍6シーズンで通算打率・310、120本塁打、466打点と貢献したクルーズも退団した。

進む世代交代とチーム再編（1986年＝5位）

1985年11月20日に行われたドラフト会議は、早大入りを表明していた桑田真澄を巨人がドラフト1位で指名し、その巨人からの指名を熱望していた清原和博が西武に1位指名されて涙を流すという、PL学園のKKコンビのドラマで大きな話題になった。このドラフト会議で日本ハムは、のちに光り輝くことになる「原石」を手に入れていた。宮崎・都城高からドラフト3位指名した大型内野手の田中幸雄である。9学年上の投手・田中幸雄とは全くの同姓同名。入団後は年長で1メートル90センチの投手の方が「オオユキ」、年下で身長もオオユキより6センチ低い内野手の方が「コユキ」と呼ばれて区別されるようになった。メディアでの表記では投手が「田中幸」、内野手が「田中雄」と区別された。

春季キャンプは沖縄・名護での1次キャンプを経て、2月22日からは2次キャンプを米国フロリダ州デルレイビーチで行った。チーム初の海外キャンプ挙行という新たな試みを経て、高田監督にとって2年目の開幕を迎えた。

＜85年＞

一（中）島田　誠
二（遊）高代慎也
三（右）パターソン
四（一）柏原純一
五（指）クルーズ
六（三）古屋英夫
七（左）岡持和彦
八（捕）田村藤夫
九（二）岩井隆之

＜86年＞

一（中）島田　誠
二（遊）高代慎也
三（右）ブリューワ
四（一）パットナム
五（三）古屋英夫
六（指）五十嵐信一
七（左）二村忠美
八（捕）田村藤夫
九（二）白井一幸

投　**津野　浩**

投　**津野　浩**

4月4日の近鉄戦（藤井寺）での開幕戦のオーダーに名を連ねたメンバーのうち、リーグ優勝を果たした1981年時の主力は島田、高代、古屋の3人。着実に世代交代とチームの再編成が進んでいた。開幕戦は2年連続の大役となった津野が8回2失点と好投し、2年連続の白星スタート。9回を締めた岡部がプロ初セーブを挙げた。

4月12日のロッテ戦（後楽園）から同24日の阪急戦（同）にかけては8連勝をマーク。1982年後期以来となる首位にも立った。4月は13勝6敗という開幕ダッシュを決めたが、5月以降は失速した。5月末から6月中旬にかけて9連敗を喫して4位に転落すると、7月にも7連敗。57勝65敗8分け（勝率・467）で2年連続の5位に終わり、またまだ再建が途上であることを露呈した。一方で、投手陣は柴田の14勝を筆頭に、移籍1年目の金沢、津野がそれぞれ10勝と2桁勝利が3人。「オオユキ」こと田中幸はシーズン途中から抑えに回って13セーブを挙げた。正捕手を任された田村は、いずれもキャリアハイとなる130試合出場、19本塁打を記録した。

また、前半戦での9連敗の「8敗目」となった6月10日の南海戦（後楽園）では、「コユキ」こと田中雄が「九番・遊撃」でスタメンとしてプロ初出場。第2打席にプロ初安打となる左越えソロ本塁打を記録した。この年は14試合の出場にとどまったものの、翌年以降に期待を抱かせるルーキーイヤーとなった。

白井のスイッチ挑戦

もう一つ、来季以降に向けて大きな収穫となったのが、白井のスイッチヒッター挑戦である。1983年ドラフト1位の二塁手は、堅守と俊足には定評があったものの、1年目の84年は打率・208、2年目で高田監督政権初年度の85年は同・190と、打撃が大きな課題だった。高田はレギュラー定着に向け、どう育てるか頭を悩ませていると、周囲から「練習は凄く熱心で、多摩川の寮ではナイターの後に一人で打ち込んでいる」との話を聞いた。足と守備を生かすため、だけでなく、練習熱心さも加味して、「ダメもとで左でも打って、スイッチにしてみないか」と本人に提案した。

プロ3年目の1986年開幕時点で両打ちとして登録された白井は、このシーズンで129試合に出場。打率は・231とまだまだ物足りないとはいえ、過去2年よりも向上し、6本塁打と35打点はもちろん自己最多で、初めて年間100安打を記録した。

ミスターファイターズとトレンディーエース（1987年＝3位）

高田監督政権3年目、1987年の春季キャンプ。スリムな体型のルーキー右腕が指揮官の目に留まった。86年秋のドラフトで愛知工大から1位指名された西崎幸広である。当時は地方大学からスター選手が出てくることは極めてまれ。高田も「大丈夫なの？　この選手がドラ1で」と懐疑的だったというが、キャンプで球のキレに非凡さを感じた。そこで、大石清投手コーチを通じて課題を与えた。「内角に投げられるようになったら、外の真っすぐとスライダーが生きる。インコースに投げられるかどうか」。すると西崎はオープン戦の途中から内角球を見事に使いこなせるようになったという。「投手でも野手でも、1年目から働く人は、キャンプ、オープン戦でものすごく成長する」。西崎の台頭は、高田のこの持論を確信させるものとなった。

守備に目をつぶってでも使いたい

1987年の開幕戦は、リーグ2連覇中の西武と敵地・西武球場で対戦した。高卒2年目の田中雄が「八番・遊撃」で初の開幕スタメンに抜てきされた。

＜86年＞

一（中）島田　誠
二（遊）高代慎也
三（右）ブリューワ
四（一）パットナム
五（三）古屋英夫
六（指）五十嵐信一
七（左）二村忠美
八（捕）田村藤夫

＜87年＞

一（中）島田　誠
二（二）白井一幸
三（左）ブリューワ
四（一）パットナム
五（指）津末英明
六（捕）田村藤夫
七（右）二村忠美
八（遊）田中幸雄

九（二）**白井一幸**
投　**津野　浩**

九（三）**高代慎也**
投　**津野　浩**

柏原が抜け、次代の打線の中軸を担う日本人選手として、高田監督は田中雄に大きな期待を寄せた。「肩は強いし、（打撃では）パンチ力がある。初めの1、2年は相当守備で足を引っ張られて試合を落としたのですが、それでも使いたくなる魅力があった」。このシーズンに34歳になる高代は、右肩を脱臼した影響で出遅れていた古屋の代役として三塁を守った。津野は8回2/3を2失点で、3年連続の開幕戦勝利投手に。田中雄は1失策を記録したものの、フル出場して4打数1安打の滑り出しだった。この年は112試合に出場して打率・203（325打数66安打）、9本塁打、33打点。のちに「ミスターファイターズ」と呼ばれることになる大型遊撃手が、レギュラー定着に向けて確かな足跡を刻んだ。

3位浮上を支えたドラ1・西崎とドラフト外・松浦

4月は7勝11敗と低調だったが、5月には一時、首位の阪急に1・5ゲーム差の2位につけるなど、14勝6敗2分けと奮闘した。そこから前半戦終了時には借金4の4位まで落ち込んだものの、9月に再び上昇気流に乗った。南海を捉えて3位に浮上し、シーズン終了までその座を守った。野手ではトニー・ブリューワが3年連続の打率3割超えをマークしたのに加え、35本塁打、98打点と活躍。さらに、スイッチ本格転向2年目の白井が打率・265、15本塁打、63打点と飛躍を遂げた。

投手陣では、ルーキーの西崎が8月2日の西武戦（札幌円山）から10月8日の阪急戦（岡山）にかけて10連勝をマーク。その活躍と、端正なルックスにより、近鉄・阿波野秀幸、西武・渡辺久信らとともに「トレンディーエース」と称された。シーズン最終戦の10月18日の西武戦（敷島公園）で11回完封勝利を挙げた西崎は15勝7敗、防御率2・89。同じく15勝（12敗）を挙げた阿波野が投球回（249回⅔）と奪三振（201）がリーグトップで、防御率では2・88と西崎をわずかに上回ったことで、新人王の座は譲ったが、西崎はパ・リーグ会長特別表彰を受けた。15勝はチーム唯一の２桁勝利だった。

もう一人、投手陣で奮闘が目立ったのは、１９８４年ドラフト外で入団した高卒３年目の松浦宏明だ。野球では無名の千葉・船橋法典高出身。当時のスカウト課長・三沢は振り返る。「（他球団は）誰も目を付けていなかった。投手としてはコントロールが良い。体もそんなに大きくなかったから、野手として才能があると思っていた。でも、本人がどうしても投手をやりたがっていたので、投手として獲った」。その素材と、意思の強さによって二軍で伸びてきた成長曲線を、高田監督は逃さなかった。「真っすぐの力があるし、フォークの落ちがいい。面白いですよ」との報告を受けると、時期尚早とする大沢強化育成部長の反対を押し切って一軍で起用。１９８５年に８試合で登板させ、翌86年の唯一の登板だったシーズン最終戦でリリーフとしてプロ初勝利を挙げると、３年目の87年に花開く。48試合に登板して８勝５敗８セーブ、防御率３・54の好成績に導いた。

ドーム時代への期待感

後楽園球場は、1987年限りで50年にわたる歴史に幕を下ろした。

74年の球団創設以来、この球場をホームにした日本ハム。古屋は「ものすごくスタンドと近いんですよね、お客さんの視線が。今、球場はほとんど、上から見る形じゃないですか。後楽園は、ベンチに帰ってくるとすぐそこに、お客さんとの視線がある。そういう面では、一緒に戦っているなというのがありましたよね」と思い出を語った。

ファンとの距離の近さ。違う場所で、それを感じていたのは岡部だ。「ブルペンがライトとレフトにあった。あそこでピッチングをしていて、たまに知り合いが来ると、ここで声をかけてくるんですよ。〝頑張れよ!!〟とか」。ファンが少ない時には、こんなこともあったという。

「江夏さんがベンチからブルペンに向かうと、お客さんたちもずーっと付いていくんです」と懐かしそうに回想した。高田は、巨人のV9時代に体感したファンの熱気を一番に思い起こした。「僕らが練習中に開門されて、(1970年に新設された)ジャ

▲ファイターズファンで埋まった後楽園球場のスタンド

ンボスタンドから埋まっていくと超満員なんだ」

一方で、後楽園がなくなる寂しさ以上に、隣で建設工事が進んでいた新たな本拠地・東京ドームについて「選手たちにとっても楽しみな部分が多かった」（高田）

同時に日本プロ野球界全体としても、大きな期待感とともに、これから先のドーム時代の幕開けという新たなフェーズへと向かった。

第６章　創業オーナーが残したもの

幸せな相思相愛

ファイターズの歴史を、「12球団一、チームを愛したオーナー」とも称された創業者・大社義規を抜きにして語ることはできない。そこで、この章では、2代目オーナーで、義規の養子でもある大社啓二（ひろじ）の証言を軸に、大社義規が残したもの、そして「後楽園での日本ハムファイターズとは何だったのか」について、総括したい。

後楽園時代の最後の監督だった高田は、声を大にして、感謝の思いを口にした。「大社（初代）オーナーは、本当に最高でした。怒られたり、怖い顔をされたりして嫌な思いをしたということは一度もない。（就任直後に）8連敗しても。激励ばかりでした」。

誕生日は2月1日。日本ハムで13年間にわたってプレーした古屋は「1月31日にキャンプ地に入られていて、その日に前祝いをやっていた記憶があります」と懐かしむ。年明けには主力選手が数人、香川の自宅に招かれた。古屋は、そこでこんなエピソードを聞かされたという。

「会議中におまえがホームランを打った時、そういうメモが回ってきたことがあったぞ。おまえが打ったホームランでリードして、俺が機嫌良くなって、最後に負けて機嫌が悪くなったことがあったんだよ」（義規）

ファイターズの試合中と仕事が重なると、社員に途中経過を逐一、知らせるよう命じていたのは有名な話。球場に観戦に訪れた日は、「オーナー賞」として活躍した選手にポケットマネーから金一封を振る舞っていた。その頻度によっていかに訪問が多いか、チームを愛しているかを選手は感じていた。１９８１年のリーグ優勝に大きく貢献した岡部は、ベンチからいち早く飛び出して歓喜の輪へダッシュ。大沢監督に続き、宙を舞った創業オーナーの胴上げの中心部分を担っていたといい、「重たかったですよ。なかなか上がらないんですよ」と笑顔で振り返った。義規は、チームに愛情を注いだ分だけ、チームに愛されていた。

高田によると、監督、コーチ、選手ら現場には批判や口出しを含め厳しさを一切見せなかった一方で、球団フロントには叱咤することもあったという。「子会社はいっぱいあるけど、赤字の会社は球団だけだ」などとハッパをかけ、改善を促すこともあった。スカウトや編成部門を歴任した三沢も、スカウト部長時代に、こう諭されたことを覚えている。

「三沢君、2000万、3000万円の高校生を獲ってきて全然芽が出てこなくてもへっちゃらな顔をしているけど、ハムは200円、300円でこつこつ売っているんだよ。それを、無駄金にするのではなく、もっとしっかり良い選手を獲ってくれないと困る」

三沢は、選手獲得にあたり、この言葉を肝に銘じるようになった。「それは厳しかった。一番印象に残っている。〝1位の何千万はもちろんだけど、スカウトは下位で2000万、3000万円出してダメでもへっちゃらな顔をしている〟と」。ただ、思い出の大部分を占めているのは、やはりチームにひたすら愛情を注ぐ「すごく優しかった」姿であり、「もう少し早く優勝させてあげたかったですね。最高のオーナーでした」と回顧した。

啓二は、現場に口を出さないスタンスについて「絶えず、プロに対してリスペクトしていた」と評し、その姿勢を継承した。「自分はプロ野球選手になれませんから。プロになった人には、〝尊敬〟というよりも、絶対的な〝尊重〟ですよね。選手へのリスペクトは絶対」。尊重するからこそ、現場の領域に口を挟むことはせず、ひたすら応援した。2人のキャラクターは違えど、その部分は共通していた。

高橋放出の無念

啓二は、「最近思うのですが」と前置きして、義規のファイターズへの愛情を「子供ではなく、孫みたいなものだった」と表現した。

「うちの孫にもそういう接し方をしていましたからね。激励はするけど、怒っていない。顔は笑っていますから。監督、選手に対しても、そんな感じだったのでは。本当に頑張ってほしい。（負けても）頭にきて怒っているのではなく、愛情からくるもの。特に大沢さんとはそういう関係性だった」

義規も啓二も、尊重するからこそ「必要以上の関係性というか友好性を持とうとは思わない」（啓二）というスタンスで、現場と一定の距離感を保った。しかし、その数少ない例外が、仲人を務めた高橋直だった。大沢監督も、「将来を嘱望されたファイターズのエース」と訴えていた男が、１９８０年のオフ、江夏豊とのトレードの交換相手に広島から指名されるという皮肉。大沢は、震えながら義規に電話をかけ、伝えた。

「トレードの話です。どうしても優勝したいんです。優勝するためには、江夏が必要です。高橋直樹を出さないといけません……」

この話を聞かされた義規は、黙って電話を切ったという。ただ、最終的には、その決断を受け入れた。「最愛の孫」を失う無念をこらえ、現場へのリスペクトに徹したのである。

所有価値と活用価値

大社啓二は、1956年1月に名古屋で生まれた。義規との続柄は甥（義規の弟が啓二の実父）。その後、徳島に一時引っ越し、小学校に上がる前に京都へと移った。日本ハムが日拓を買収した73年当時は、高槻高の3年生。当時から義規の一家とともに暮らしており、京都の自宅に新聞記者が取材に訪れていたことで、球団買収の事実を知ったという。野球よりもサッカー好きで、さらに関西でプロ野球といえば阪神タイガース。家族内で自身が交わした会話も「何かあったの？」「球団を買ったみたい」「あ、そう」程度の思いしか抱かなかったという。

大社家の本家である義規に子供がいなかったため、啓二の兄か、啓二のどちらかが養子になるのは自然な流れ。啓二いわく「いつの間にか、なっていた。大学（中央大）か高校在学中」に、戸籍が移されて、自身が義規の養子になった。

24歳、1980年に日本ハムに入社。入社2年目の81年に、日本ハムファイターズが初のリーグ優勝を遂げた。当時はスーパーマーケットなど量販店の窓口担当。優勝記念セールで奮闘した。

「（ハム、ソーセージなどは）生鮮品だから、商品が足りない、間に合わない、どうするんだと。営業所にある在庫を全部持っていって、どこかで売ろう、みたいな。すさまじかったです」

スーパーの特設コーナーに日本ハム製品を大量に入れ、ひたすら売った。コンピューターに登録していない製品もお構いなしに、明細もろくに書かずに、とにかく売った。「100万円売れと言われている売り場なので、100万の売り上げを出すことが大事なんです。後で呼び出されて、ずいぶん怒られた記憶がありますけど、売り上げに貢献したので、全部勘弁してもらいました」と笑って振り返り、「（優勝セールを展開した）あの何日間は、本当に熱がありましたよね」と懐かしんだ。

一方で、巨人と対戦した後楽園での日本シリーズを球場で観戦した時には、苦い記憶が残った。史上初の「後楽園シリーズ」。日本ハムのホームゲームとして開催された第1、2、6戦も、スタンドを埋め尽くしたほとんどが、巨人ファンだったからである。

「これ、本当にうちの主催ゲームなの？ と思いました。ベンチが動いただけで、（ファンは）ぜーんぶ巨人。その瞬間に、早くよそに行った方がいいのでは、と本当に思いました。選手が気の毒ですよね。こんなところでやらせてはいけないだろう、と思いましたよ」

日本ハムの球団サイドとしては、プレーオフを制した10月13日から、日本シリーズ第1戦の同17日まで、わずか3日しか前売り券を販売できなかったという事情もある。それでも、この光景を目の当たりにしたのは、啓二がのちに本拠地を北海道・札幌に移す決断をする上での「原体験」の一つとなった。

身売りを進言される

啓二は、球団経営において「所有価値」と「活用価値」を区別して、東京本拠地時代のファイターズを語る。1963年に「徳島ハム」が和歌山の「鳥清ハム」と合併して「日本ハム」が誕生し、10年後の1973年に球団を買収した当時は、食肉メーカーとして首都圏に進出する上で、本社のブランドイメージを高めることが最重要だった。つまり、「所有価値」が第一。また、日本ハム本社内では、販売促進に加えて「鳥清さんの社員とか、ちょっとギクシャクした時期が長く続いたらしいんですが、プロ野球の球団を持ったことによって日本ハム一本にまとまって、得意先の看板を付け替えてくれたとか、そういうことがあったようです」(啓二)と社員たちの一体感を高める効果も大きかった。

ただ、これらの効果は、永遠に続くわけではない。知名度が日本全国に広がれば、所有価値が下がる。「もっと勝ってくれないと」などと内外から要求も高まり、それに応えられなければ、費用対効果を疑問視する声も出てくるだろう。啓二が日本ハム本社の社長就任2年目の1997年、とある役員が社長室に訪れ、「もう球団はいいんじゃないですか」と売却を進言された。それをオーナーの義規に提案してくれ、というのである。

この案を啓二が受け入れることはなく、義規オーナーの耳に届くこともなかった。とはいえ、1995年にJリーグに加盟したセレッソ大阪の立ち上げにも関わっていたこともあり、広告「経費」としてだけでなく、利益も考えた「経営」の必要性を痛感するようになっていたのも事実だった。「所有価値」から、一定の利益も生む「活用価値」へとステップを踏む必要性である。

もちろん、これが直接的な要因ではないが、売却という選択肢を取ることなく「経費」から「経営」へ転化する方策を探り、のちに選ぶことになったのが本拠地移転への道のりだった。

「所有価値から活用価値に持っていくのは、東京ではどう考えても無理だなと。ジャイアンツと同じ球場、地域、フランチャイズで、ヤクルトもいる」

啓二は、養父でありオーナーの義規、そして「オーナー以外に、一番丁寧に説明に行った」と既に球団から離れていた大沢啓二への理解を得た上で、北海道移転へのプランを進めた。

「東京時代」とは何だったのか

創業者の大社義規の性格について、啓二は「やめること、逃げることが嫌い。頑張れば何とかなるんだ、と。一生懸命やったら何とかなる、と（話していた）。30年、投げないんですよね」と評した。

後楽園時代の14年間に加え、東京ドームを本拠地とした1988〜2003年の16年間。合わせて30年間を、極めてポジティブに、「この30年間があるから北海道がある。（東京がホームの）日本ハムファイターズとは、北海道日本ハムファイターズのために勉強させてもらった球団なんです」と断言した。

「日本ハムファイターズが、よくぞ30年間頑張ってくれたな、そういう感謝はあります。球団への愛情があって30年ずっと東京に居続けられて、それがあったからこそ、北海道の移転である程度の成果が見られた、ということにつながっていく」

利益を出すための「経営」という宿題を抱えつつ、ファイターズは東京を離れた。当初は「都落ち」と捉える向きもあったかもしれない。しかし、移転3年目の2006年にリーグ優勝と、東京時代にもなしえなかった日本一を達成。移転から19年間で5度のリーグ制覇と2度の日本シリーズ制覇を達成した。「球団経営のことを話して、さすがです、と言われることもありますが、よくよく考えたら〝引き継ぎ〟ですよ。自分が考えたのではなく、あったものを引き継いで、もう少し時代に合わせて変えていっただけの話」。移転成功は、創業オーナーが注ぎ続けた愛情があったからこそ。そう実感している。

▲ファイターズに愛を注ぎ続けた大社義規オーナー（右）

エピローグ

大社義規は２００５年４月27日に90歳で逝去。翌06年のリーグ優勝、日本一を見届けることはできなかったが、２代目オーナーの啓二が遺影を両手にしっかり持って胴上げで宙を舞った。

２００４年からの移転に際し、北海道日本ハムファイターズは、活動理念を「ファンサービス・ファースト」と定めた。それを見据えて03年から就任したトレイ・ヒルマン監督は、チームマネジメントだけでなく、ファンへのサインやイベント出演など、ファンサービスへの労を惜しまなかった。ファンフェスティバルではギターの弾き語りに加えてバック宙まで披露し、勢い余って右ヒザのじん帯を断裂。全治10カ月の重傷を負っても、笑顔を絶やさなかった。

森本稀哲、田中賢介の一、二番コンビがチャンスメーク。三番・小笠原道大は打率・３１３をマークし、32本塁打、１００打点で２冠王とパ・リーグＭＶＰ。四番のフェルナンド・セギノールは打率・２９５で26本塁打、77打点、五番・稲葉篤紀は打率・３０７、26本塁打、75打点と奮闘した。２００４年から加入し、

06年限りでの引退をシーズン序盤に表明していた新庄剛志（登録名はＳＨＩＮＪＯ）は、勝負強い打撃、俊足強肩を生かした外野守備、そしてインパクト抜群のパフォーマンスでチームを引っ張り、ファンを盛り上げた。

コーチングスタッフには、後楽園時代に不断の努力でスイッチヒッターに転向し、二塁手のレギュラーを長く務めた白井一幸がヘッド兼内野守備コーチとして、ヒルマン監督を支えた。その白井にスイッチ転向を命じた高田繁は２００４年秋からＧＭに就任し、チーム編成を担った。同年のドラフト1位で指名したダルビッシュ有は2年目の06年に初の２桁勝利となる12勝とブレークを果たした。

また、高田は２００６年、投手として芽が出なかった03年自由獲得枠入団の糸井嘉男の身体能力を買い、打者転向を命じた。自身の外野から内野への転向、白井のスイッチ転向の成功例を念頭に「このままではダメだと思った時じゃないと成功しない。重要なのはタイミング」と背中を押した。糸井は、のちに俊足強打の外野手として、通算１７５５安打、１７１本塁打、３００盗塁をマークしたほか、首位打者、盗塁王に各1度、ゴールデン・グラブ賞に7度、ベストナインに5度輝くことになる。

北海道日本ハムファイターズの、球団としての企業理念は「スポーツ・コミュニティ」。球団公式ホームページには、こう書かれている。

＜スポーツと生活が近くにある、心と身体の健康をはぐくむコミュニティを実現するために、地域社会の一員として地域社会との共生をはかる＞

全道179市町村（2022年現在）への応援大使として選手がオフのイベントに訪れるなど、地域に密着した活動を続けている。移転の際に、その理念を推し進めた大社啓二は、「これは余談ですが」と前置きして、1976年～81年に後楽園球場で行われた「球場結婚式」を引き合いに出した。

「球場結婚式のスポンサーは、沖縄観光協会だったんです。後楽園球場で結婚式を挙げて、ハネムーンを沖縄で、というパターン。当時は（沖縄が）これを本土復帰後の経済振興の一つの目玉として考えていた。ハネムーンで本土からの旅行者を増やすために、ファイターズで球場結婚式を、となったそうなんです」

2022年には9球団が春季キャンプを張った沖縄県で、最初にキャンプを始めたのが日本ハム。その沖縄キャンプが始まったのも、これが縁だった。

「ファイターズって、その頃から地域を活性化させる遺伝子があったんだろうな、と私は思うんです。そんなに人気チームではなかったですが、球場結婚式とか、キスをしたらタダで入場できるとか、少年ファイターズとか、こういう発想を持った人たちは、自分の中の誇りですよね。ファイターズの本質は何も変わらない。ファンサービス。他がやらないことをやる。地域を元気づける。本当に、そういうものが受け継がれているんだろうなと」

2004年～22年に札幌ドームをホームグラウンドとした北海道日本ハムファイターズは、札幌市に隣接した北広島市に自前で建設した「エスコンフィールド北海道」に本拠を移す。後楽園、東京ドーム、札幌ドームに続き、4球場目。後楽園で産声を上げたファイターズは、思いを受け継ぎながら、新たな物語を紡いでいく。

主な参考文献

『ベースボールマガジン　1974—1987　日本ハムファイターズ　後楽園伝説』（2021年　ベースボール・マガジン社）
『俺たちの東京日本ハムファイターズ』（2014年　ベースボール・マガジン社）
『Fの伝説　北海道日本ハムファイターズのルーツとこれから』（2011年　ベースボール・マガジン社）
『虹色球団　日拓ホームフライヤーズの10カ月』長谷川晶一（2019年　柏書房）
『第一回選択希望選手　選ばれし男たちの軌跡』横尾弘一（2010年　ダイヤモンド社）
『ドラフト外　這い上がった十一人の栄光』澤宮優（2013年　河出文庫）
『燃えよ左腕　江夏豊という人生』江夏豊（2018年　日本経済新聞出版社）
『日本ハムファイターズ　ガイドブック』（1974年版～1988年版）
週刊ベースボール
スポーツニッポン
日刊スポーツ
スポーツ報知
サンケイスポーツ
日本経済新聞

得点	失点	打率	本塁打	防御率
472	569	.246	96	4.11
458	576	.258	100	3.89
484	523	.258	107	3.72
479	485	.245	113	3.36
534	566	.264	131	3.98
592	569	.266	131	4.09
593	513	.264	167	3.61
610	554	.276	126	3.81
551	518	.266	127	3.63
581	540	.275	153	3.82
571	688	.259	144	4.98
636	627	.265	169	4.36
548	571	.262	151	4.10
561	562	.259	128	3.96

日本ハムファイターズ 年度別チーム成績（1974年～1987年）

年度	監督	順位（前期・後期）	試合	勝	敗	分	勝率	差
1974	中西　太	⑥（⑥⑥）	130	49	75	6	.395	––
1975	中西　太	⑥（④④）	130	55	63	12	.466	––
1976	大沢啓二	⑤（④⑤）	130	52	67	11	.437	––
1977	大沢啓二	⑤（④④）	130	58	61	11	.487	––
1978	大沢啓二	③（③④）	130	55	63	12	.466	––
1979	大沢啓二	③（③④）	130	63	60	7	.512	––
1980	大沢啓二	③（②②）	130	66	53	11	.555	––
1981	大沢啓二	①（④①）	130	68	54	8	.557	––
1982	大沢啓二	②（④①）	130	67	52	11	.563	––
1983	大沢啓二	③	130	64	59	7	.520	20.5
1984	植村・大沢	⑥	130	44	73	13	.376	29.5
1985	高田　繁	⑤	130	53	65	12	.449	23
1986	高田　繁	⑤	130	57	65	8	.467	13.5
1987	高田　繁	③	130	63	60	7	.512	11.5

大林幹雄（おおばやし・みきお）
1974年、新潟県生まれ。埼玉県出身。
春日部高校、東京大学を経て、1998年スポーツニッポン新聞社に入社。
2002年から日本ハム、巨人、ヤクルト、大リーグを取材。
2019年 4月から野球担当デスク。

プロ野球《やきゅう》 球団《きゅうだん》ドラマシリーズ

日本《にっぽん》ハムファイターズ 後楽園戦記《こうらくえんせんき》 1974年《ねん》～1987年《ねん》

大《おお》いなる挑戦《ちょうせん》、その歓喜《かんき》と悲哀《ひあい》

2023年1月31日　第1版第1刷発行

編　　集／ベースボールマガジン編集部《へんしゅうぶ》
著　　者／大林幹雄《おおばやしみきお》
発 行 人／池田哲雄
発 行 所／株式会社ベースボール・マガジン社
〒103-8482
東京都中央区日本橋浜町 2-61-9　TIE 浜町ビル
電　　話 03-5643-3930（販売部）
03-5643-3885（出版部）
振替口座 00180-6-46620
https://www.bbm-japan.com/

印刷・製本／共同印刷株式会社

ISBN 978-4-583-11520-7　C0075